# 誰でもわかる
# 医療・保健・福祉の本

編著　結城康博／河村秋

風鳴舎

# はじめに

　2025年団塊世代のすべてが75歳以上となり、超高齢化社会に突入していく。また、2024年には出生数が70万人に満たず、深刻な超少子化時代となってしまった。このような社会状況下で、もっとも重要視される公的サービスが「医療」「保健」「福祉」「介護」と言っても過言ではない。特に、これらの連携・推進が叫ばれて久しいものの、未だ縦割り行政といった課題が指摘され、市民にとっても利用しづらい制度・政策となっている。

　また、これらに従事する専門職、例えば、医師、看護師、保健師、介護職員、社会福祉士、ケアマネジャーなどにおいても、日常業務に追われ職種間の連携といった面で課題があることは言うまでもない。

　本書は、これら専門職である、看護師、保健師、社会福祉士、ケアマネジャーなどを志す学生および資格試験に挑戦する人達を対象にしたものである。そして、「医療」「保健」「福祉」「介護」について理解してもらうことを目的に作業にあたった。また、保健、福祉などの部署に従事する行政職（公務員）にも、参考となるような内容としてある。

　妊娠期から高齢で看取られる時まで、医療、保健、福祉といったサービスは連動していくものである。また、行政サービスという側面も有していることから、本書一冊で、これらの概略が理解できる内容になるよう心がけたつもりだ。そのため、興味・関心のある一般市民の方々も、手に取っていただけければ一定の知識が身につくと考える。

　超高齢化・少子化に伴って、誰もが何らかの公的サービスを受ける時代となっている。その意味でも、本書が一定の知識と情報を得るための一助となれば幸いである。


2025年3月　執筆者を代表して

結城 康博

河村 秋

i

目次

はじめに ・・・・・・・・・・・・・・・・・・・・・・・・・・・・・・ ⅰ

# 序章
## マイナンバーと医療保険証

マイナ保険証について ・・・・・・・・・・・・・・・・・・・・・ 2
個人情報の取り扱いが課題 ・・・・・・・・・・・・・・・・・・ 3

# 第1章
## 医療・保健・福祉

医療・保健・福祉とは ・・・・・・・・・・・・・・・・・・・・・ 6
入院医療の現状 ・・・・・・・・・・・・・・・・・・・・・・・・ 11
リハビリの現状 ・・・・・・・・・・・・・・・・・・・・・・・・ 17
医療・保健・福祉・介護との連携 ・・・・・・・・・・・・・・ 18
在宅医療現場の実態 ・・・・・・・・・・・・・・・・・・・・・ 21

# 第2章
## 日本の保健制度

日本における保健サービス ・・・・・・・・・・・・・・・・・・ 26
プライマリヘルスケアからヘルスプロモーションへ ・・・・・ 27
日本におけるプライマリヘルスケア、ヘルスプロモーション ・・ 28
現代の健康課題と保健サービス ・・・・・・・・・・・・・・・ 30

# 第3章
## 医療施策と現状課題

医療費の動向 ・・・・・・・・・・・・・・・・・・・・・・・・ 42

利用者負担の仕組み ・・・・・・・・・・・・・・・・・・ 44

公費負担医療制度・・・・・・・・・・・・・・・・・・・・ 47

「24年骨太の方針（閣議決定）」・・・・・・・・・・・ 48

診療報酬について・・・・・・・・・・・・・・・・・・・・ 50

子ども・子育て支援金制度 ・・・・・・・・・・・・・ 52

死後格差 ・・・・・・・・・・・・・・・・・・・・・・・・・・ 53

# 第4章
## 医療・保健・福祉と行政

「国」「都道府県」「市町村」・・・・・・・・・・・・・・ 56

自治体における福祉現場 ・・・・・・・・・・・・・・ 56

保健機関 ・・・・・・・・・・・・・・・・・・・・・・・・・・ 58

医療関連の法令 ・・・・・・・・・・・・・・・・・・・・ 60

政策は計画次第 ・・・・・・・・・・・・・・・・・・・・ 62

医療計画について・・・・・・・・・・・・・・・・・・・・ 66

# 第5章
## 保健師の役割

保健師とは ・・・・・・・・・・・・・・・・・・・・・・・・ 70

保健師に求められるもの ・・・・・・・・・・・・・・ 78

# 第6章
## 医療ソーシャルワーカーの役割

療養中の心理・社会的問題の解決、調整援助 ・・・・・・・・・ 82

退院支援 ・・・・・・・・・・・・・・・・・・・・・・・・・・・ 85

院内連携 ・・・・・・・・・・・・・・・・・・・・・・・・・・・ 89

求められる役割と機能 ・・・・・・・・・・・・・・・・・・・・ 92

# 第7章
## 助産師の役割

助産師について ・・・・・・・・・・・・・・・・・・・・・・・ 94

助産師を取り巻く社会情勢 ・・・・・・・・・・・・・・・・・ 95

助産師に求められている支援 ・・・・・・・・・・・・・・・ 97

子育てに対する施策 ・・・・・・・・・・・・・・・・・・・ 100

助産師活動をめぐる課題と今後の展望 ・・・・・・・・・・・ 101

# 第8章
## 超高齢社会の介護問題

超高齢社会とは ・・・・・・・・・・・・・・・・・・・・・ 106

介護問題 ・・・・・・・・・・・・・・・・・・・・・・・・・ 106

介護予防サービスとは ・・・・・・・・・・・・・・・・・・ 109

増加する介護離職 ・・・・・・・・・・・・・・・・・・・・ 110

介護難民とは ・・・・・・・・・・・・・・・・・・・・・・ 111

孤独死問題 ・・・・・・・・・・・・・・・・・・・・・・・ 112

8050問題 ・・・・・・・・・・・・・・・・・・・・・・・・ 113

地域包括ケアシステム ・・・・・・・・・・・・・・・・・・ 114

希望ある超高齢社会にするために ・・・・・・・・・・・・ 115

# 第9章
## 介護職の課題

介護職の仕事〜3Kのイメージを超えて〜 ・・・・・・・・ 118

介護現場における3Kの再評価
　〜ネガティブからポジティブへの転換〜 ・・・・・・ 119

介護現場における人材不足 ・・・・・・・・・・・・ 122

少子高齢化と介護労働市場の課題 ・・・・・・・・・ 123

中間管理職の職員養成力 ・・・・・・・・・・・・・ 125

# 第10章
## 希少難病児と母子支援

難病と希少疾患 ・・・・・・・・・・・・・・・・・ 130

母子支援 ・・・・・・・・・・・・・・・・・・・・ 134

社会に求められること ・・・・・・・・・・・・・・ 138

# 第11章
## 精神疾患を抱える人々と家族の支援

精神障害者をめぐる歴史 ・・・・・・・・・・・・・ 144

近年の政策と動向・・・・・・・・・・・・・・・・ 147

精神障がい領域における地域社会の現状 ・・・・・・ 149

家族支援と今後の課題 ・・・・・・・・・・・・・・ 154

おわりに・・・・・・・・・・・・・・・・・・・・・ 157

索引 ・・・・・・・・・・・・・・・・・・・・・・ 158

著者紹介・・・・・・・・・・・・・・・・・・・・・ 163

# 序章

## マイナンバーと
## 医療保険証

本章では、医療サービスなどを身近に感じてもらうため、2024年12月2日以降、従来の健康保険証が新たに発行されなくなった意義や目的について触れています。どうして健康保険証がマイナンバーと一体化したのか、その経緯を理解することで、医療に関する問題意識を深めていくきっかけとなればと思います。

# マイナ保険証について

　2024年12月2日より、マイナンバーカードと健康保険証が一体化され運用されている。いわゆる「マイナ保険証」といわれるものだ。もっとも、紙の保険証については有効期限まで利用できるとされている。いずれにせよ、医療サービスを利用する患者にとっては、大きな出来事であったに違いない。

　厚生労働省およびデジタル庁ホームページによれば、「マイナ保険証」のメリットは、

1．医療機関窓口での負担軽減（手続きなしで高額療養費の限度額を超える支払いが免除など）
2．医療機関および薬局などとの情報共有化
3．確定申告時に医療費控除の手続きが容易
4．医療現場で働く従事者の負担軽減

　の4点が挙げられている。
　以下に、それぞれについて説明しておこう。

1．医療機関の窓口での負担軽減

　これは、特に、高額療養費制度の活用にあたって大きなメリットといえよう。高額療養費とは医療機関や薬局において決められている1か月間の窓口自己負担額の上限額（所得に応じて）に対して、それを超えた場合は、超えた分の金額が支給される制度である。しかし、この上限額分を、以前は「限度額適用認定証」を申請して医療機関の窓口に提示しないと、いったんは窓口で全額を支払い、後に保険者に支給申請書を提出してからお金が戻ってくる仕組みであった。そのため、高額費用を一時的に支払う必要が生じることがあった。

　しかし、「マイナ保険証」を活用すると、申請に必要な情報提供にさえ同意すれば、これまで事前に必要とされていた「限度額適用認定証」が不要となる。ただし、入院時の食費負担や差額ベッド代等は高額療養

費制度の対象とはなっていない。

## 2．医療機関および薬局などとの情報共有化

　患者が受診時と調剤時にマイナンバーカードを用いることに同意すれば、処方される薬などの情報を医師等に口頭で伝える必要はなく、情報がスムーズに共有される。そもそも日本の医療制度は、フリーアクセス権が患者側に担保されているため、どの医療機関でも受診することができる。

　そのため、患者は複数の医療機関を受診している場合が多く、多重服薬などの実態が現実にある。そして、医師・薬剤師等がデータを共有化できることで、無駄な医療サービスの提供を省くことができる。

## 3．確定申告時に医療費控除の手続きが容易

　従来は、「医療費控除の明細書」を作成し、医療費に関わる領収書を添付する必要があったため、患者が１年分の領収証を管理しなければならなかった。しかし、「マイナ保険証」では、マイナポータルからe-Taxと連携することで、医療費控除申請が容易になる。つまり、医療費に関する領収証を管理・保管しなくても済むというメリットがある。

## 4．医療現場で働く従事者の負担軽減

　患者の受診歴や処方箋などの情報が、複数の医療機関や薬局等で共有化されることで、医療従事者が、口頭で情報収集する手間が省けるメリットがある。また、医療機関等の事務担当者も効率的に手続きが進められるようになり、問い合わせ等に関する対応の負担も軽減される。

# 個人情報の取り扱いが課題

　このように「マイナ保険証」の導入により、医療等の現場では大きな変革が生じている。しかし、患者の一部には、個人情報の漏えいを不

安視する人も少なくない。

　実際、政府の個人情報保護委員会が2023年9月20日に、デジタル庁と国税庁に行政指導に踏み切った事例があった（東京新聞デジタル版『マイナ問題は「個人情報の漏洩」…デジタル庁が行政指導された意味 トラブル底なしでもこのまま進める？』2023年9月20日 21時04分。https://www.tokyo-np.co.jp/article/278669）

　具体的には、マイナンバーに別人の公金受取口座を誤登録するミスが相次ぎ、個人情報が漏えいしてしまったのだ。また、国税庁では所得税の確定申告で納税者情報を登録する手順に不備があった。

　マイナンバーと健康保険証の医療情報とのひも付けといった「マイナ保険証」においては、もし、情報が漏えいすると、患者個人の医療情報の保護が危ぶまれ、大きな問題につながりかねない。そのため、個人情報保護の対策が大きな課題となっている。

# 医療・保健・福祉

本章では、医療、保健、福祉について理解してもらうため、それぞれの分野の現状・問題点について述べています。これらの連携が重要とされますが、実態を把握することが必要です。そして、それぞれの意義や目的を理解することで、よりよい連携への知識・技能が身につくと考えます。

# 医療・保健・福祉とは

　毎年、秋から冬にかけて風邪が流行すると、多くの学校などで学級閉鎖になることがある。特に、新型コロナウイルス問題では、社会全体が大きな影響を受けたことは記憶に新しい。大人から子どもまで、近くの診療所や病院へ行き、診察を受けて薬局で薬をもらう。そして、ある程度元気になるまで安静にしているか、やむなく仕事を休めず、辛いながらも自宅で仕事を続けた経験（テレワークなど）は誰しもあるだろう。

## 医療サービス

　私たちが医療機関へかかる際、繰り返しになるが、必ず、持参するマイナンバーカード（医療保険証から移行）は、非常に便利なものだ。身分証明書にもなりえると同時に、このカード1枚で、全国の医療機関にアクセスすることができる。その費用も多くの人は3割で済む。

　しかも、「あの病院には名医がいるから自己負担額が4割になる…」といったこともなければ、「あそこは評判が悪い病院だから2割負担で済む！」といったこともない。このように患者側に医療機関への「フリーアクセス権」が公正に認められているのは、日本の医療保険制度の大きな特徴ともいえる。

　日本の医療保険制度は、日本に住所を有する者であれば、誰でも簡単に医療機関へアクセスすることができる。つまり、医療サービスを平等に享受できるのだ。通常これらは「国民皆保険」制度といわれ、諸外国からも優れたシステムとして評価されている。

## 「保健」について

　みなさんは何歳まで生きるだろうか？　厚生労働省の「令和5年簡易生命表」によると、「平均寿命」は男性81.09歳、女性87.14歳となっている。90歳まで生存する人の割合は男性26.05％、女性50.1％、もっとも、75歳まで生存する人の割合は男性75.3％、女性87.9％だ[1]。

6

しかし、「健康寿命」という概念もある。これは、医療・介護サービスに頼らず、日常生活に支障のない寿命を意味する。そして、**平均寿命と健康寿命の差が短ければ短いほど理想的な老後を送ることができる**とされる。逆に、この差が長ければ、医療・介護サービスを利用する期間が長くなるということだ。これらは男女ともに差があり（表1−1）、女性は平均寿命が長いこともあって介護生活も長くなる確率が高い。平均寿命がいくら伸びたとしても、健康寿命との差が縮まなければ、医療・介護サービスに大きく頼ることになる。

　しかも、年齢階級別の「介護」が必要となる要介護認定率は85〜89歳は47.2％である（図1−1）。つまり、2024年10月末時点で要介護認定者数は約721.6万人であるが、今後、すべての団塊世代が85歳となる2035年には、誰もが要介護者もしくはその家族となる可能性が高くなる。

　いずれにせよ「人」が元気で過ごせる「健康寿命」は、いまだ男女ともに70歳代である。再雇用などで65歳まで働くことが一般化しつつある現代社会において、引退後の65歳から旅行・趣味・ボランティアといった老後の生活を充分楽しめる時間は、個人差はあるものの長くて10年だ。

　人生100年時代と言われるが、個人差はあるにせよ元気に活動できる期間は短い。そのため、老後の人生設計を考えるなら、「自分はいつまで健康でいられるか？」を考える必要がある。日々、健康寿命を延ばすために、運動や食生活に気を遣いながら個人の健康管理に邁進していくことは重要である。

表1−1　平均寿命と健康寿命の推移

| | 男性（歳） | | | 女性（歳） | | |
|---|---|---|---|---|---|---|
| | 平均寿命 | 健康寿命 | 差（年） | 平均寿命 | 健康寿命 | 差（年） |
| 2013年 | 80.21 | 71.19 | 9.02 | 86.61 | 74.21 | 12.40 |
| 2016年 | 80.98 | 72.14 | 8.84 | 87.14 | 74.79 | 12.35 |
| 2019年 | 81.41 | 72.68 | 8.73 | 87.45 | 75.38 | 12.07 |

内閣府「令和5年版高齢社会白書（全体版）」2023年7月27頁より作成

1）厚労省「令和5年簡易生命表の概況」P3参照（2024年7月26日）

図1-1　年齢階級別の要介護認定率

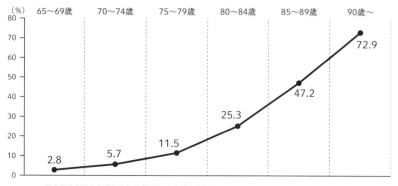

社会保障審議会介護保険部会「資料３：介護保険制度をめぐる状況について」2024年12月23日13頁より

　そもそも「健康寿命」が70歳代であるということは、家族など誰かの世話にならなければ、人生を全うできないということだ。「自分は、子どもにも誰にも迷惑をかけずに、ピンピンコロリ（PPK）の人生を目指したい」という人も多いと思う。ただし、医療技術の進歩により、人の「命」を延命することはできるようになった。急に体調を崩して救急車で運ばれても、命だけは助かるというケースは増えている。そういう意味では、元気に生活を送るために「保健」というシステムがある。
　具体的には、**健康診断**、**予防接種**、**母子保健**（乳幼児健診など）、**がん検診**などが挙げられる。
　ちなみに『大辞林第三版』によると、「公衆衛生」とは、「広く地域社会の人々の疾病を予防し、健康を保持・増進させるため、公私の諸組織によって組織的になされる衛生活動。母子保健・学校保健・成人保健・環境衛生・産業衛生・食品衛生・疫学活動・人口問題などを対象とする」という解釈が与えられている[2]。

## 福祉＝"よく生きる"

　「福祉（well-being, welfare）」とは、一般的に「幸せ」「よく生きる」というように訳され解釈されている。いわば人間の「幸福度」を意味するものである。そして、その達成に向けて制度・政策、援助技術が構築

---

2）松村明編『大辞林第三版』（2006年10月）

されていく。ただし、「福祉」の意味するところは多岐にわたっており、個人や団体によっても捉え方はさまざまだ。

そもそも、相互扶助における根本的なシステムは「家族」である。かつては高齢者が老いて身の回りのことを自分でできなくなれば、子どもが親を引き取り三世代家族で暮らす傾向にあった。子育ては主に妻が担い、夫が勤め人として収入を得るといった家族形態が一般的で、いわば「介護」や「子育て」といったシステムが、主に「妻」「娘」という女性を中心に担われ、その核となる単位が「家族」であった時代である。

しかし、このような家族形態は大きく変わり、世の中の高齢者世帯は独居、もしくは老夫婦世帯が増加し、家族扶助機能の限界が見えはじめている。また、家族扶助の大きな担い手であった女性の社会進出がさらに進んできたことで、「共働き世帯」が珍しくなくなり、家族の機能も大きく変わった。

一方、個人の地域社会に対する関わりも希薄化している。かつては近所付き合いを重要視するのが常識であったが、昨今は「あいさつもしない」「隣の人とは話さない」といった、人間関係の希薄さが目立つようになった。地域のネットワークに入ろうとしない人達も増えはじめ、さらに個人の価値観の変化により、「互助組織」「地域力」の減退が顕著となっている。そういった背景もあり、**共助**（社会保険）、**公助**（社会福祉）といったシステムがより重要となってきているのは言うまでもない。

このように社会福祉は経済的な視点だけではなく、人間関係、地域、個人の健康など、多様な視点で探求していく分野である。超高齢化社会に伴って福祉問題は、社会全体の主要な関心・テーマとなり、かつての経済・産業部門よりも重要視されるようになった。特に、合計特殊出生率の低迷といった少子化とも相まって、人口問題と関連づけられ、政治・経済において誰もが無視できない問題になっている。

## 医療と福祉の違い

医療分野においての意思決定では、「根拠」「価値」「資源（サービ

第1章　医療・保健・福祉　　9

供給量)」といった3要素が重要だという「エビデンスに基づく医療(EBM)」が参照されている(図1-2)。この考え方を社会福祉学に照らしてみると、医療分野と比べると「価値」と「根拠」の部分で違いがあると思われる。

医療は「疾病」を対象としているため、そのサービスの効果を数値化しやすい。しかし、社会福祉は「生活」全体を対象としているため、提供されるサービス形態は援助者や要介護者・家族の「価値観」に大きな影響を及ぼす(図1-3)。

確かに、一定の福祉や介護サービスの普遍化は可能ではあるが、「価値」による部分が大きいため、医療のようにサービスの統一化は難しい。もちろん、福祉・介護の科学化の促進に異論を唱える者はいないだろう。しかし、福祉現場においては医療のようにデータ重視の考え方には必ずしもならないことを認識しておく必要がある。

**図1-2 「エビデンスに基づく医療」による意思決定の背景**

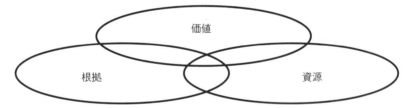

筆者オリジナル作成

**図1-3 社会福祉現場における意思決定の背景**

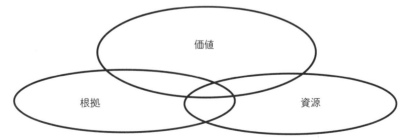

筆者オリジナル作成

# 入院医療の現状

## 病院死の減少傾向

　現在、日本では病院死が減少傾向にある。死亡場所の約6割弱が病院で、在宅死は約2割だ（表1-2）。もっとも、統計上の在宅死には「サービス付き高齢者住宅」等も一部、含まれているため純粋な自宅での死去がすべてではない。いずれにせよ、1960年代ではその割合は逆であった。

　つまり、1950〜1960年代にかけての在宅死が圧倒的な時代は、医療保険制度も未整備で充分な在宅医療資源も確立していなかった。多くの人が在宅で亡くなることが当たり前であり、逆に入院することは経済的に厳しく、やむなく在宅で療養するしかなかった。当時は入院するだけでも多額の自己負担が生じていたからだ。

　その後、病院で「死」を迎える割合が高くなっていくのだが、そのひとつの要因として考えられるのが医療技術の進歩だ。1970年以降の人工呼吸器や酸素療法などの医療技術の発展はめざましく、医療機器も小型化し、患者本人もしくは家族でも容易に操作できるようになっていく。

　もちろん、医療保険制度が整備され、誰もが容易に医療機関にアクセスできるようになり、在宅医療および訪問看護サービスが充実したことも大きなポイントだろう。

表1-2　死亡の場所別にみた年次別死亡率（%）

| | 病院 | 診療所 | 介護医療院・介護老人保健施設 | 老人ホーム | 自宅 | その他 |
|---|---|---|---|---|---|---|
| 2023年 | 64.4 | 1.3 | 4.0 | 11.5 | 17.0 | 1.8 |
| 2022年 | 64.5 | 1.4 | 3.9 | 11.0 | 17.4 | 1.8 |
| 2000年 | 78.2 | 2.8 | 0.5 | 1.9 | 13.9 | 2.8 |
| 1990年 | 71.6 | 3.4 | 0.0 | ・ | 21.7 | 3.3 |
| 1980年 | 52.1 | 4.9 | ・ | ・ | 38.0 | 5.0 |
| 1970年 | 32.9 | 4.5 | ・ | ・ | 56.6 | 5.9 |
| 1960年 | 18.2 | 3.7 | ・ | ・ | 70.7 | 7.4 |
| 1951年 | 9.1 | 2.6 | ・ | ・ | 82.5 | 5.9 |

厚労省「令和5年（2023）人口動態統計調査」2024年9月17日より作成

## 病院と病床

　そこで、まず「病院」「診療所」などについて考えてみよう。「在宅医療」が推進されているが、退院あっての「在宅医療」が基本であるからだ。一般的に医療施設の種類は以下である。

---

① 病院：患者20人以上の入院施設を有するもの
② 一般診療所：医師又は歯科医師が医業又は歯科医業（歯科医業のみは除く）を行い、患者の入院施設を有しない、もしくは患者19人以下の入院施設を有するもの
③ 歯科診療所：歯科医師が歯科医業を行う場所であって、患者の入院施設を有しないもの又は患者19人以下の入院施設を有するもの

---

　また、病院の種類としては、

---

① 精神科病院：精神病床のみを有する病院
② 一般病院：精神科病院以外の病院
③ 地域医療支援病院：他医療機関から紹介された患者に医療を提供する都道府県知事が承認した病院
④ 特定機能病院：高度な医療の提供を行う、厚生労働大臣が承認した病院

---

となっている。

　病床の種類としては、医療法第7条2項によって「精神病床」「感染症病床」「結核病床」「一般病床」といった区分けになっている。

　現在、何らかの疾病を患い総合病院（一般病床）へ入院したとしても、短期間で退院もしくは転院を促される。病院に長期入院を頼んでも拒まれるのが一般的だ。若い患者でも高齢者であっても、原則、総合病院での中長期の入院は不可能といえる。厚生労働省のデータにおいて、一般病床の平均在院日数の推移をみると、約20年間で約半数にまで縮小していることがわかる（図1-4）。

図1-4 一般病床における平均在院日数の推移

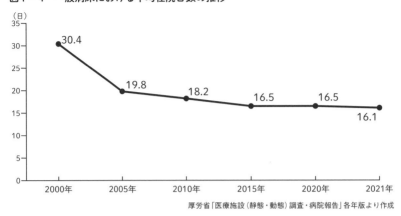

厚労省「医療施設（静態・動態）調査・病院報告」各年版より作成

　度重なる診療報酬の改定により、平均在院日数が短くなっている。実際、介護施設も増え在宅介護サービスも充実してきた経緯を見ると、医療的ケアが必要とされる患者（高齢者）が、病院でなくとも介護施設や在宅で療養・介護できる環境が整備されてきたこともひとつの要因としてある。しかし、平均在院日数の短縮化によって「在宅医療」「在宅介護」へのシフト化が積極的に進んだことで、介護・医療の供給資源が追いつかないという現状も無視できない。
　厚生労働省のデータによれば、入院前の場所と、退院後の行き先別に見た推計退院患者数の構成割合において、「家庭」からの入院のうち約9割は「家庭に戻る」となっている（ただし、この件数には現役世代も含まれる）。
　いっぽう、老人福祉施設（特養）から入院して退院するケースでは、元の特養に戻るケースは約6割だ。老健においては約5割、介護医療院においては約4割となっている。これらの介護施設の患者（高齢者）の退院先としては、「その他」の割合も高くなっている（表1-3）。退院先としては多様な場所が想定されるが、例えば「サービス付き高齢者住宅」「グループホーム」などが挙げられる。つまり、高齢者が病気で入院すると、必ずしも入院前の場所へ戻れるとは限らない。当然かもしれないが、高齢者が入院し治療を終えて退院しても、疾病前と心身の状態が同じとは限らないからだ。

第1章　医療・保健・福祉

表1-3　入院前の場所・退院後の行き先別にみた推計退院患者数の構成割合（2020年9月）

(%)

| | | 入院前の場所 | | | | | | | |
| | | 総数 | 家庭 | 他の病院・診療所 | 介護医療院 | 介護老人保健施設 | 介護老人福祉施設 | 社会福祉施設 | その他 |
|---|---|---|---|---|---|---|---|---|---|
| 退院後の行き先 | 総数 | 100.0 | 100.0 | 100.0 | 100.0 | 100.0 | 100.0 | 100.0 | 100.0 |
| | 家庭 | 82.4 | 89.3 | 42.9 | 5.9 | 6.2 | 4.6 | 5.4 | 81.2 |
| | 他の病院・診療所 | 6.8 | 5.3 | 25.2 | 7.5 | 10.4 | 9.0 | 10.4 | 4.5 |
| | 医療介護院 | 0.1 | 0.0 | 0.7 | 42.3 | 0.5 | 0.3 | 0.3 | 0.0 |
| | 介護老人保健施設 | 1.5 | 0.6 | 4.6 | 3.4 | 53.6 | 2.0 | 1.4 | 0.1 |
| | 介護老人福祉施設（特養） | 1.6 | 0.3 | 2.9 | 4.6 | 3.3 | 61.2 | 2.2 | 0.20 |
| | 社会福祉施設 | 1.7 | 0.5 | 3.5 | 7.1 | 3.4 | 3.9 | 65.4 | 0.8 |
| | その他 | 5.9 | 4.0 | 20.1 | 29.1 | 22.5 | 19.0 | 14.9 | 13.2 |

厚労省「令和2年（2020）患者調査の概況」より
※小数点切り下げのため100%になるとはかぎらない

## 在宅療養支援診療所

　在宅療養支援診療所とは、患者の要求に応じて24時間往診が可能な体制が確保されている診療所のことだ。訪問看護ステーション等の看護職員とも連携しており、24時間訪問看護の提供が受けられる。緊急の場合には入院先の病院とも連携がされており、体調が急変した際には入院もスムーズに運ぶ。

　これは2006年4月より制度化されたもので、在宅医療を推進する国の施策として切り札とも言われている。ただし、保険診療なので全額保険が効くが、医師が訪問する際の交通費に関しては実費負担となる場合もある。診療所によっては請求しないこともあるので、事前に確認しておいたほうがよいだろう。

　医療ニーズが必要なケースとしては、例えば、「経鼻経管栄養（口から栄養補給が難しくなり鼻から胃に管を通してケアする）」「胃ろう（同じく腹部を手術して管から胃に栄養補給を行うケア）」「たんの吸引」「導尿（排尿に支障が生じカテーテルを使って尿を促す）」などがあり、在宅療養支援診療所の医師が「かかりつけ医」となることでスムーズにケアが受けられる。も

ちろん、通常の診療所でも往診をしてくれる場合もあるが、このような看板を掲げている診療所は在宅医を公表しており、在宅医療および介護に明るい医師であることがわかる。

## 地域包括ケア病棟

　2014年診療報酬改定（医療の値段表の改定）において、新たに**地域包括ケア病棟**という医療資源が創設された。これは急性期医療（総合病院）の治療に一定の目途がたち、すぐに在宅へ移行するには不安のある要介護高齢者（患者）を対象に、在宅復帰に向けて、「診療」「看護」「リハビリ」を行うことを目的としている。ただし、転院後（総合病院などから地域包括ケア病棟へ）、病状等にもよるが最長60日以内での退院が原則となっている。在宅で介護を受けている高齢者の体調が急変した際には、地域包括ケア病棟で受け入れることも想定されている。総合病院（急性期病院）は子どもから高齢者まで救急医療を視野に入れた高度な医療資源だが、高齢者の体調が急変した際には一刻も早く高度な治療を施さなければならないケースと、そうでない場合に分かれる。当然、前者のケースでは総合病院へ搬送され処置される。しかし、後者のように緊急性を要するものの、脱水症状などの一定の医療機関で対処可能な症状の場合には、地域包括ケア病棟での受け入れが想定されている。つまり、限られた救急医療の資源を、効率的に調整するねらいもある。

　高度な治療を必要としない高齢者が体調を崩して救急車を呼んだものの、受け入れ先の病院が決まらず1時間以上も救急隊員が病院探しを余儀なくされることも少なくない。総合病院では、日々、生命に関わる患者の対応に追われているため、たとえ救急車からの要請であっても症状によっては拒まれる、という事情だ。そういう意味でも、地域包括ケア病棟は在宅で暮らす高齢者にとって有効な資源になることが期待されている。

　地域包括ケア病棟には、①急性期病床からの患者の受け入れ、②在宅高齢者の緊急時の受け入れ、③在宅への復帰支援、といった3つの機能が課せられているといえる。

　なお、地域包括ケア病棟は、後に述べる「回復期リハビリテーション

第1章　医療・保健・福祉　15

病棟」と異なり、病名に関係なく入院できる病床であり、リハビリだけでなく治療も含めた医療を包括的に提供される。

## 特定機能病院

　厚生労働省のホームページによれば、「特定機能病院」とは、高度な医療サービス提供、高度な医療技術の開発、高度な医療に関する研修などを実施することが可能な病院とされている。1993年の第2次医療法改正において制度化された。2024年10月1日現在で88病院が承認されている。TV・映画などでお馴染みの「ドクターX（主演：米倉涼子）」といった大学病院などがイメージしやすいであろう。なお、特定機能病院の主な要件としては、厚労省資料に基づくと、以下のように規定されている。

・病床数400床以上を有することが必要
・医師が通常の2倍程度の配置が最低基準で、それらの医師の半数以上がいずれかの専門医であること
・他の病院又は診療所から紹介された患者に対し医療を提供すること（紹介率50％以上、逆紹介率40％以上）
・構造設備において集中治療室、無菌病室、医薬品情報管理室を有すること
・原則定められた16の診療科を標榜していること
・査読のある雑誌に掲載された英語論文数が年70件以上あること
・その他の要件を有していること

## 地域医療支援病院

「地域医療支援病院」とは、紹介患者に対する医療提供、医療機器等の共同利用の実施等を通じて、第一線の地域医療を担う、かかりつけ医、かかりつけ歯科医等を支援する能力を備え、地域医療の確保を図る病院として相応しい構造設備等を有するとされている。1997年の第3次医療法改正において制度化された。2024年9月1日現在で707病院が

承認されている。感染症医療の提供や、災害発生時の拠点病院となることも責務とされている。地域医療支援病院の主な要件としては厚労省資料に基づくと、以下のように規定されている。

・200床以上の病床、および地域医療支援病院としてふさわしい施設を有することが必要
・国、都道府県、市町村、社会医療法人、医療法人等が開設主体であること
・紹介患者中心の医療を提供していること。具体的には、次のいずれかの場合に該当すること
　ア）紹介率が80％以上であること
　イ）紹介率が65％以上であり、かつ、逆紹介率が40％以上であること
　ウ）紹介率が50％以上であり、かつ、逆紹介率が70％以上であること
・救急医療を提供する能力を有すること
・建物、設備、機器等を地域の医師等が利用できる体制を確保していること
・地域医療従事者に対する研修を行っていること

# リハビリの現状

## リハビリテーションとは

　リハビリテーションは、ラテン語での「re(再び)-habiris(適した)」が語源だ。つまり、可能な限り発症以前と変わらない水準の生活に戻すことを目的としている。病院から退院した患者さんが、少しでも状態を維持・改善するためには「リハビリテーション（リハビリ）」が重要であることは言うまでもない。通常、医学的にリハビリは3段階に分かれており、第一段階から順番に「急性期リハビリ」「回復期リハビリ」「維持期リハビリ」となっている。

　総合病院等で治療後すぐに行うのが第一段階の「急性期リハビリ」で、期間は1か月以内だ。この時期は、主にベッドから離れることが目的となり、起き上がりや立ち上がりなど手・足・腰の基本動作の回復

第1章　医療・保健・福祉　　17

を目指す。しかし、総合病院（一般病床）では可能な限り短期間での退院・転院が求められるため、患者の状態にもよるが歩行訓練まで機能が回復する人もいれば、寝たきりのまま次の行き先を探さなければならないこともある。

そのため、総合病院との関連がある「回復期リハビリテーション病院」や「老人保健施設」などが転院先として紹介されがちだ。ただし、「老人保健施設」に転院すると、「維持期リハビリ」の段階まで継続してケアが提供されることもある。通常、「維持期リハビリ」は一定程度回復した機能を低下させないように支援していくことが目的だ。ただし、個人の状態にもよるので、明確な切り分けは難しい。

## 回復期リハビリテーション病棟とは

一般的に急性期病院で治療を受け、病状が安定しはじめる発症から1〜2か月後の状態を「回復期」と呼ぶ。この回復期といわれる時期に集中的なリハビリテーションを行い、再び機能を獲得させていくことを目的とした病棟を、**回復期リハビリテーション病棟**という。

「回復期リハビリ」は、身体機能の基本動作が回復し生活動作の回復にまでつなげていくことが目指される。入院期間は、診療報酬体系によって対象疾患ごとに決まっている。例えば脳血管疾患や頸髄損傷などは、最大入院期間180日、大腿骨や骨盤などの骨折は、最大90日となっている。

# 医療・保健・福祉・介護との連携

## 地域医療・介護総合確保推進法

2014年6月25日に国会で可決した「医療介護総合確保推進法」は、現在の医療・保健・福祉・介護との連携強化を目的とした法律である。法定事項として市町村が主体となって「在宅医療・介護連携の推進事業」を実施しなければならない。

具体的には、保健所、地域包括支援センター、市町村、医療機関の連携の強化が目指され、有機的に各サービスの調整機能が市町村に果されている。この事業目的は、当該区域で働く医療と介護・福祉関係者が一堂に会して"顔の見える"関係を構築することにある。主に「在宅療養支援診療所」、「在宅療養支援病院」、「訪問看護ステーション」で取り組まれている。具体的には関係機関が集まる会合を年数回以上実施し、そのうち１回は各地域の自治体職員や関連施設の管理者が参加することになっている。

　また、在宅医療従事者の負担軽減という意味で、１名で診療を行っている医師などを対象に、これらの医療機関が補完し合える支援体制が構築されている。

## 医療と介護

　介護保険制度における地域支援事業の枠組においては、

---

①　地域医療・福祉資源の把握および活用の提示（マップ作りなど）
②　在宅医療・介護連携に関する会議の開催および促進
③　在宅医療・介護連携による関係者の研修会の開催
④　24時間体制の在宅医療・介護体制の構築
⑤　地域包括支援センターの専門職への支援（在宅医療関係など）

---

といった施策が実施されている。

　具体的な実施機関は、地域包括支援センターや地区医師会などであり、両者が連携しながら市町村が主体となって事業を展開している。

## 地域包括ケアシステム

　現在、「地域包括ケアシステム」といった、在宅介護を基軸とした介護・高齢者福祉施策等が進行中である[3]。この概念は、1970年代以来、広島県にある御調町（現在は尾道市）で展開された医療や福祉サービスの実践形態が原形と言われている。ただ、類似した言葉「包括的地域ケ

---

3) 高橋紘士編『地域包括ケアシステム』P3参照（オーム社、2012年３月20日）

ア・システム」などのように、「福祉」「保健」「医療」の連携が強化されるべきと言われてきてた。

「地域包括ケアシステム」では、具体的には自宅から30分圏内で、個々のニーズに応じた適切な医療や介護サービスが受けられる地域システムの確立が目指されている。そして、基本的には在宅で最期まで看とられることが理想とされる。この構想の大きなコンセプトである在宅で最期を迎え、患者（高齢者）の病院・施設志向を是正させていくこと自体は間違いではない。しかし、そのためにはサービス基盤の整備が不可欠だ。例えば、在宅療養支援診療所および訪問看護ステーションといった在宅医療資源である。特に、在宅における「看取り」を地域包括ケアシステムでは推し進めている。

## 在宅での看取り

「在宅での看取り」を理想とはしているが、現場には課題も山積している。それには患者や家族の心境も大きく関係してくる。例えば、患者が一人暮らしの場合、がんの末期になると体調が悪化し、元気な時に「自宅で死ぬ！」と思っていたとしても、精神的に心細くなるのは事実だ。モルヒネや鎮痛剤で痛みの緩和が施されたとしても、「死」を間際にすると精神的に不安になり、「自宅で独りで死ぬ」よりは「病院」で亡くなるほうがいいのでは、と気持ちが変化する人も少なくない。

家族と同居している場合でも、まわりの家族が「献身的に最期まで看取ってやる！」と心の準備をしていたとしても、患者の死が迫り「本人の唸るような苦しみ」「夜も眠れないほどの厳しい看病」が続くと、家族も精神的・体力的な限界を感じ、病院へ入院させる場合もある。つまり、在宅での看取りを進めていくとしても、医療、介護、福祉専門職が連携した精神的な支えが欠かせないのである。

## 自助と互助

「地域包括ケアシステム」というコンセプトには、公的サービスに併せて**自助、互助**といった考え方が重要視されている。できるだけ高齢者

自身が心身に気を遣いながら「介護予防」にこころがけ、運動やバランスの取れた食生活に努めていく。また、自分でできることは自分で行い、一定の経済的余裕があれば公的サービスに頼らず、自費でサービスを利用することも「自助」努力にあてはまる。

　また、地域の助け合い組織を強化して、公的サービスに頼らずボランティア組織が活性化されることで、在宅介護も促進されると考えられている。実際、自治会役員やNPO法人などの各地の団体が互いに組織を強化して、「互助」組織の活性化の先進事例として紹介されることも少なくない。

　しかし、「自助」や「互助」といった理念に基づくサービス形態、もしくは高齢者の意識変容を、在宅介護施策の中心に据えていくには多くの課題を残す。もちろん、「自助」や「互助」に基づく施策は重要であり、各地域で活性化させていくことは必要不可欠であろう。しかし、かなりの個人差や地域格差が生じてしまう。あくまでも「自助」や「互助」に基づく施策は、公的サービスの「補完」であって「代替」ではないことを忘れてはならない。いわば公的サービスがしっかりと整備されてこそ、「自助」「互助」といったサービス形態が活性化されてくるのだ。

## 在宅医療現場の実態

### 薬剤の飲み忘れ

　かつて筆者がケアマネジャーの仕事をしていたとき、独り暮らしの高齢者に見受けられる事例で多かったのが、飲み忘れた薬が自宅に溜まっていることだった。特に、独居高齢者で、かつ軽い認知症を伴うと、自分で服薬管理ができず薬を飲み忘れてしまうのだ。薬がまだあるにも関わらず通院して薬をもらってくるため、薬がさらに溜まってしまう。定期的に訪問していたとはいえ、月1・2回の頻度では、毎日きちんと服薬しているどうかは確認できなかった。週2・3回訪問しているヘルパーでさえも、本人に尋ねると「飲んだ、大丈夫！何度も聞かな

第1章　医療・保健・福祉　　21

いでくれ！」と言い、本人の自尊心を傷つけてはいけないと薬袋の中身まで確認することはしなかったのだ。

このように、薬の管理に対処するために、介護保険制度では**薬剤師による居宅療養管理指導**というサービスがある。これは薬剤師が定期的に高齢者宅を訪問して、薬の飲み方や服薬状況等を確認する訪問サービスだ。

いっぽう薬局では、服薬管理が難しい高齢者に対しては、「一包化」といって、朝食後、昼食後、夕食後ごとに飲む薬をひとつの袋に包んで渡すようにしている。通常、数種類の錠剤を自分で服薬する際には薬銀紙（薬を包んでいる銀紙）から取り出さなければならないが、高齢者にとっては混乱のもとになり、飲み忘れにもつながる。「一包化」を薬局に依頼する場合、通常の調剤料金に加え、自己負担額は少ないながらも、投与日数によっては多少の費用が生じてしまうこともあることを覚えておこう。

## 在宅介護を受ける高齢者の口腔ケア

在宅介護の現場で見落としがちなのが、「口」の中のケアである。介護生活が長期化すると「歯磨き」ケアが滞り、「誤嚥性肺炎」といった問題が生じるおそれがある。健常者であれば自身で歯磨きを行い口腔ケアはできるが、特に「老老介護」などの状況では難しいケースが多い。このような場合、訪問歯科診療などのサービスを利用しながら、歯科医師と相談して定期的に歯科衛生士に訪問してもらい、口腔ケアをしてもらう。

介護は心身のケアに偏りがちだが、健常者では問題とならない口腔ケアを気に掛けることで、食事も快適となり、重度化を予防することにもつながる。

## 医療的ケア児とその家族へのサポート

医療的ケア児とは、「日常生活および社会生活を営むために恒常的

---

4）医療的ケア児及びその家族に対する支援に関する法律（令和3年法律第81号）

に医療的ケア（人工呼吸器による呼吸管理、喀痰吸引その他の医療行為）を受けることが不可欠である児童（18歳以上の高校生等を含む）」[4]と規定されている。

　気管切開部がある、人工呼吸器を装着しているなど日常生活を送る上で医療的ケアを必要とする子どもが増加しており、全国で約2万人と推計されている。医療的ケア児を抱える家族介護負担の軽減を図り、児童の生活の「場」を在宅に限らず拡充していくことが目標とされている。

　出生数が減少傾向にあるものの医療的ケア児が増加傾向にあるのは、周産期医療技術の向上などが要因として考えられているが、医療、保健、福祉分野での、より強固な連携が重要とされている。

第1章　医療・保健・福祉　23

第 **2** 章

# 日本の保健制度

本章では、胎児期から高齢期の各期において提供される日本の保健サービスについてその基となる理念から具体的なサービスまでを紹介します。医療・福祉に携わる方々にとって備えておくべき知識と考えます。

# 日本における保健サービス

　わが国では1961年に開始された国民皆保険制度により、すべての国民が何らかの医療保険組合に加入し、一部の負担のみで医療にアクセスすることが可能になった。医療の提供は主に医療機関で提供されることが多く、その対象者は、疾患を持った人、負傷した人、それらにより障がいを負った人などである。つまり予防医学の視点[1]からの2次予防、3次予防のためのサービスの対象者となる。2次予防とは、疾患を早期発見し、早期治療することで悪化を防ぐこと、3次予防とは疾患や傷害を負った状態からできるだけ元の生活に戻るための支援をすることである。

　日本の保健制度においては、1次予防の視点からのサービスが主に提供される。では1次予防のサービスとはどのようなことだろうか？疾病にかからないような習慣づくり、さらに健康を向上させるような取り組みを指す。つまり、疾病や障がいの予防や健康増進のための支援が提供される。前述したような医療機関ではなく、人々が暮らす地域や働く場で提供されていることが多い。

図2-1　すべてのライフサイクルで提供される保健サービスの概要

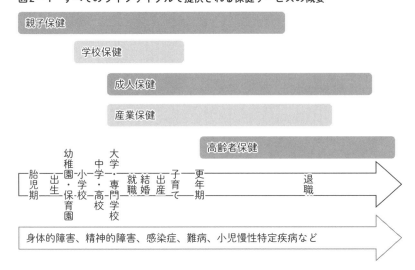

1）水嶋　春朔．予防医学のストラテジー．総合臨床，2004, 53巻，9号．

では、対象年齢はどうだろう。図2-1に示したように、生まれる前から死の時までが対象となっている。健康レベルは健康な人のみではなく、疾病や障がいを持つ方も支援の対象となっている。

## プライマリヘルスケアからヘルスプロモーションへ

WHO（World Health Organization, 世界保健機関）は、1946年に健康について「肉体的にも、精神的にも、そして社会的にも、すべてが満たされた状態にあるということ。それは単に病気ではないとか、弱っていないということにとどまらず、基本的人権のひとつである[2]」と定義した。そして1978年に旧ロシアのアルマ・アタにおいてUNICEF（United Nations Children's Fund, 国連児童基金）とともに、「2000年までにすべての人に健康を」ということを目標とし、アルマ・アタ宣言を行った。提唱されたのが、開発途上国に住む人々も含めたすべての人が最高水準の健康を達成するための取り組みであるプライマリヘルスケアである。

具体的な活動内容は、

①健康教育
②食料供給栄養摂取の促進
③安全な水と基本的な衛生設備
④家族計画を含む母子保健サービス
⑤主要な感染症に対する予防接種
⑥地方特有の病気の予防と制御
⑦病気やけがの適切な治療
⑧必須医薬品の供給

となっている。これらを見ると、開発途上国対象の取り組みであることがわかるだろう。

1970年代、世界では疾病構造が変化し、これまでの感染症対策中心の対策のみではなく、健康のための生活習慣や環境の改善を目指すべ

---

2）中村安秀．アルマ・アタ宣言とは．日本WHO協会，https://japan-who.or.jp/about/who-what/charter-2/alma-ata/

きとされた。1986年、WHOは、カナダのオタワにおいて、オタワ憲章を
提示し、健康戦略として**ヘルスプロモーション**を提唱した。

　ヘルスプロモーションは「人々が自らの健康をコントロールし、改
善することができるようにするプロセスである」と定義された。

　具体的な活動としては、

> ①健康的な公共政策づくり
> ②健康を支援する環境づくり
> ③地域活動の強化
> ④個人技術の開発
> ⑤保健・医療の方向転換

が挙げられた。当初は生活習慣による慢性疾患などの増加への対策で
あり、主に先進国が対象であったが、1997年のジャカルタ宣言で、
先進国のみならずすべての国々にとって重要な戦略であるとされ、発
展途上国も含めたすべての国を対象とすべきと提唱された。

## 日本におけるプライマリヘルスケア、ヘルスプロモーション

　日本の大正時代において、乳児死亡率は出生1,000対180人を超えて
いた。乳児死亡率は、1,000人生まれた子どものうち何人が1歳未満で
亡くなったかというデータで、その国の衛生水準を示すものとされる。
国は高い乳児死亡率への対策のために1916年に保健衛生調査会を発
足して実態調査を行い、特に農山漁村の乳児死亡率の高さが問題とさ
れた。栄養状態や衛生環境、保健衛生に関する知識不足などが原因であ
ると考えられるが、昭和初期、公衆衛生に関する多くの研究実績のある
清水勝嘉[3]は、人口10万人以上の大都市でも乳児死亡率が高い都市が
あり、その原因として工業都市であることによる大気汚染、私生児（非
嫡出子）の乳児死亡率の高さによるものであると分析している。住環境
や経済的状況も影響していたと解釈できる。

---

3）清水勝嘉．昭和初期の公衆衛生について―母子保健―．民族衛生，44巻，2号，1978．

政府は、小児保健所を設置して、医師、保健婦（当時）を配置、保健衛生に関する知識の普及と訪問指導を実施した。また、1934年には恩賜財団母子愛育会が創設され、特に乳児死亡率が高い農山漁村を愛育村と指定して愛育村事業が行われた。当時は、自宅での分娩が圧倒的に多く（1950年当時の出産場所は95.4％が自宅）、妊娠出産に関する知識も十分でなく、不衛生な環境での出産に加え、生まれた児への栄養補給も不十分であった。そこで地域の女性が愛育班員（ボランティア）として地域を受けもち、妊産婦や新生児のいる家庭への家庭訪問、出産物品の貸し出し、保健指導を行う活動を行った。

　以上のような活動に加え、妊産婦健康手帳（現在の母子健康手帳）の配布（1942年）、3歳児健康診査の開始、国民皆保険の開始（1961年）、風疹、麻疹、日本脳炎を対象疾病に追加するなどの予防接種法の改正（1964年）や、医薬品の開発、経済的な発展とそれに伴う栄養状態の改善などにより、乳児死亡率が劇的に減少していった[4]。

　現代の日本の乳児死亡率は出生1,000対1.8（2023年現在）と[5]大正時代の100分の1となり、世界でも屈指の低さとなっている。乳児死亡率の低下に貢献したのは、先の項で述べたプライマリヘルスケアが実践された結果といえるだろう。

　なお、母子愛育会の愛育班員は現在、母子保健推進員と名称は変わっているが、子育て経験のある方などが市区町村で実施される乳幼児健診のサポートや子育て家庭への訪問などを行い、現代の母子保健活動に貢献している。

　では、日本におけるヘルスプロモーションとしての活動はどのようなものだろうか。**健康日本21**は、2000年にヘルスプロモーションの概念をもとに始められた国民健康づくり運動である。1次予防の視点で、第1次：2000〜2012年、第2次：2013〜2023年、第3次：2024〜2035年まで、国民の健康課題についての目標値を掲げ、その達成のために取り組む運動が進められている（図2-2）。

---

4）独立行政法人国際協力機構　国際協力総合研修所．日本の保健医療の経験　途上国の保健医療改善を考える．独立行政法人国際協力機構（JICA），2004.
5.厚生労働省HP．令和5年（2023）人口動態統計月報年計（概数）の概況．https://www.mhlw.go.jp/toukei/saikin/hw/jinkou/geppo/nengai23/dl/gaikyouR5.pdf（2024年9月閲覧）.

図2-2　健康日本21第3次の目標

健康日本21（第三次）の基本的な方向と領域・目標の概要

| | | |
|---|---|---|
| **健康寿命の延伸・健康格差の縮小** | | |
| 健康寿命の延伸・健康格差の縮小 | | 健康寿命、健康格差 |
| **個人の行動と健康状態の改善** | | |
| 生活習慣の改善 | 栄養・食生活 | 適正体重を維持している者、肥満傾向児、バランスの良い食事、野菜・果物・食塩の摂取量 |
| | 身体活動・運動 | 歩数、運動習慣者、子どもの運動・スポーツ |
| | 休養・睡眠 | 休養が取れている者、睡眠時間、週労働時間 |
| | 飲酒 | 生活習慣病のリスクを高める量を飲酒している者、20歳未満の飲酒 |
| | 喫煙 | 喫煙率、20歳未満の喫煙、妊婦の喫煙 |
| | 歯・口腔の健康 | 歯周病、よく噛んで食べることができる者、歯科検診受診率 |
| 生活習慣病（NCDs）の発症予防/重症化予防 | がん | 年齢調整罹患率・死亡率、がん検診受診率 |
| | 循環器病 | 年齢調整死亡率、高血圧、脂質高値、メタボ該当者・予備群、特定健診・特定保健指導 |
| | 糖尿病 | 合併症（腎症）、治療継続者、コントロール不良者、有病者数 |
| | COPD | 死亡率 |
| 生活機能の維持・向上 | | ロコモティブシンドローム、骨粗鬆症検診受診率、心理的苦痛を感じている者 |
| **社会環境の質の向上** | | |
| 社会とのつながり・こころの健康の維持及び向上 | | 地域の人々とのつながり、社会活動、共食、メンタルヘルス対策に取り組む事業場 |
| 自然に健康になれる環境づくり | | 食環境イニシアチブ、歩きたくなるまちなかづくり、望まない受動喫煙 |
| 誰もがアクセスできる健康増進のための基盤の整備 | | スマート・ライフ・プロジェクト、健康経営、特定給食施設、産業保健サービス |
| **ライフコースアプローチを踏まえた健康づくり** | | |
| ライフコースアプローチを踏まえた健康づくり | こども | こどもの運動・スポーツ、肥満傾向児、20歳未満の飲酒・喫煙 |
| | 高齢者 | 低栄養傾向の高齢者、ロコモティブシンドローム、高齢者の社会活動 |
| | 女性 | 若年女性やせ、骨粗鬆症検診受診率、女性の飲酒、妊婦の喫煙 |

厚生労働省HP．健康日本21（第三次）の概要．https://www.mhlw.go.jp/content/10904750/001158810.pdfより抜粋

# 現代の健康課題と保健サービス

## 高齢者の健康課題

　日本の高齢化率は29.1％（2023年現在）、平均寿命は男性81.09歳、女性87.14歳[6]となっており高齢化が着実に進んでいる。そして、健康日本21第3次でも目標に挙げられている[7]が、日常生活に制限のない期間を示す**健康寿命**の延伸が課題となっている。現在の健康寿命は男性72.68歳、女性75.38歳となっており、実際の寿命との差を短縮することで最後までQOL（生活の質）を下げずに、過ごすことが目標とされている（図2-3）。また、1人暮らしの高齢者の割合が増加しており（2020年

---

6）厚生労働省HP．令和5年簡易生命表の概況．https://www.mhlw.go.jp/toukei/saikin/hw/life/life23/dl/life23-15.pdf（2024年9月閲覧）．

7）厚生労働省HP．健康日本21（第三次）の概要．https://www.mhlw.go.jp/content/10904750/001158810.pdf

図2-3　健康寿命と平均寿命の推移[8]

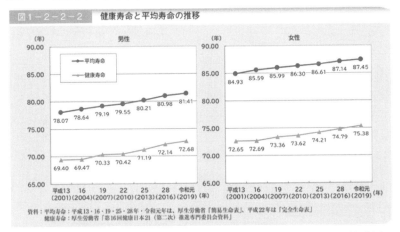

内閣府HP．令和6年版高齢社会白書．https://www8.cao.go.jp/kourei/whitepaper/w-2024/zenbun/06pdf_index.htmlより抜粋

現在、男性20％、女性15％）、閉じこもりや孤独死も問題となっている。

# 高齢者への保健サービス[9]

　2008年より75歳以上の後期高齢者は、後期高齢者広域連合が運営する「後期高齢者医療制度」に加入し、医療、保健サービスを受けることになった。また、介護保険制度では、要介護認定者、要支援認定者に提供される介護給付、予防給付以外に、要介護状態に陥らないための介護予防サービスが提供されている。

**介護予防**
介護保険で要支援1．2認定者には、介護予防給付として、訪問看護・福祉用具等の給付が行われている。そして要支援者、要介護非該当者、その他すべての高齢者対象に、一般介護予防事業として介護予防を目

---

8）内閣府HP．令和6年版高齢社会白書．https://www8.cao.go.jp/kourei/whitepaper/w-2024/zenbun/06pdf_index.html（2024年9月閲覧）．
9）厚生労働省HP．高齢者の特性を踏まえた保健事業 ガイドライン第3版．https://www.mhlw.go.jp/stf/seisakunitsuite/bunya/kenkou_iryou/iryouhoken/hokenjigyou/index_00003.html#set（2024年9月閲覧）．

的とした住民運営の通いの場づくり、体操教室など等の活動、趣味活動等を通じた日中の居場所づくり・交流会、サロン等の場の充実が目指されている。

### 健康診査、訪問指導

後期高齢者対象に後期高齢者広域連合が実施主体となって健康診査、口腔機能低下や肺炎予防を目的とした歯科検診、重複・頻回受診者、重複投薬者等に対して保健師や薬剤師等による訪問指導などが提供されている。

## 母子の健康課題

わが国においては、合計特殊出生率（15〜49歳までの全女性の年齢別出生率を合計した数、すなわち女性1人が生涯に産む子どもの数）が1.20と少子化が進行中である。世帯構造の変化から核家族での子育てが主流となっており、育児の孤立化や産後うつ、子ども虐待のリスクも高まっている。2022年度の児童相談所による子ども虐待への相談対応件数は21万9,170件で過去最多を更新している。

## 母子（親子）への保健サービス

母子を対象とした保健サービスには、以下のものがある。

### 母子健康手帳の交付

妊娠の届け出をした者に対して市区町村は母子健康手帳を交付しなければならない。母子健康手帳には、妊娠中の妊婦健診の結果、母体の健康状態や保健指導の内容、児の出産時の状況（出生時体重、身長、身体状況など）、乳幼児健診の結果、予防接種の接種状況などが記録できるようになっている。最近は自治体によって電子版母子健康手帳アプリなども提供されており今後の普及が見込まれる。

## 妊婦健康診査など

妊娠中の体調管理により周産期死亡、異常な出産、低出生体重児出生の予防、妊婦の不安軽減などを目指して実施される。妊娠中に健診を受けることが望ましいとされる14回以上の健診については、全国の市区町村（2022年現在，1,741市区町村）[10]が助成している。不安が強く、問題を抱える妊婦や産婦に対しては、必要に応じて医師、保健師、助産師などによる家庭訪問が行われる。

## 母親学級、両親学級

出産準備、育児知識、育児技術（沐浴演習など）についての保健指導が実施される。市区町村以外でも分娩予定の医療機関においても実施されている。住民同士のつながりが希薄化しており、妊娠中からママ友、パパ友を作ることで不安の軽減、育児の孤立化を防ぐことにもつながる。

## 新生児訪問、乳児家庭全戸訪問事業

保健師、助産師による出生後28日未満の新生児とその親を対象とした家庭訪問指導、また、母子保健推進員などによる4か月までの乳児のいる家庭への全戸訪問が実施される。訪問指導は子育て中の母が地域の子育て資源を知り、地域の支援者とつながる貴重な機会となっている。

## 産前産後サポート、産後ケア

妊娠・出産・子育てに不安を感じている人、若年妊婦、多胎妊娠などサポートが必要な人への相談支援として、保健推進員などが相談支援を実施する。また産後、サポートしてくれる人がいない妊婦や身体的不調や健康管理の必要がある妊婦に対して看護職などによる身体的支援、授乳指導、育児指導などの産後ケアが提供される。

## 養育支援訪問

不安が大きい、心身的・社会的問題を抱えている養育者に対して、保健師、助産師、保育士などによる中期短期の家庭訪問による相談支援、育

---

10）厚生労働省HP．妊婦健康診査の公費負担の状況について．https://www.mhlw.go.jp/content/11908000/000552443.pdf（2024年9月）．

児支援が提供される。

## 乳幼児健康診査
誕生から発育、発達のキーポイントの時期に発育発達のチェックと保護者の育児不安などへの相談支援が実施される。母子保健法で1歳6か月児健診、3歳児健診の実施が市町村に義務づけられている。2023年より生後1か月健診、社会性発達の評価、発達障がい等のスクリーニングなどを目的とした5歳児健診についても公費による助成がはじまっている。

## 未熟児訪問指導、養育医療
支援の必要がある未熟児（出生時体重が2,000g以下）と保護者対象の訪問指導、医療機関への受診、入院などが必要な未熟児の診察、入院費用などを給付、あるいは費用の支給が行われている。

## 予防接種
乳幼児期に免疫を得ることが望ましい、あるいは集団の流行を防ぐことが必要な疾患を予防することを目的として予防接種法に基づいて実施される。かかった際の重篤性や社会的感染拡大を防ぐために必要なものを定期接種とし、麻疹、風疹、水痘、結核、破傷風、B型肝炎、ロタウイルス、肺炎球菌、日本脳炎、中学生女子対象の子宮頸がんなど（2023年現在）が市区町村の助成により接種できる。任意接種のワクチン（おたふくかぜ、インフルエンザなど）は、基本的に自己負担で接種する。乳幼児期は接種が推奨されるワクチンの種類が特に多く、接種スケジュールの例示や接種勧奨の支援も必要といえる。

## こども家庭センター
2024年4月に児童福祉法が改正され、従来の子ども家庭総合支援拠点（児童福祉）と子育て世代包括支援センター（母子保健）の組織を見直し、すべての妊産婦、子育て世帯、子どもへ一体的に相談支援を行う機能を有する「こども家庭センター[11]」の設置が市町村の努力義務と

---

11）こども家庭庁支援局虐待防止対策課．こども家庭センターについて．https://www.mhlw.go.jp/content/11907000/001127396.pdf（2024年9月閲覧）．

された。支援を要する子ども・妊産婦等へのサポートプランの作成、地域資源の開拓が業務として新たに追加された。

## 学校保健

　学校保健は、小学校1年生から大学、高等専門学校に通う学童、生徒と教職員の健康の保持増進を目指している。同時に、児童生徒が自己や他者の健康の保持増進を担えるような力をつけることも学校保健の目的である。

　学校保健サービスには、以下がある。

### 健康診断、健康相談、健康観察
児童・生徒・教職員を対象に健康診断を実施、成長発達の確認と異常の早期発見につなげる。日々の健康観察や健康相談によって異常の早期発見、対応を実施する。

### 学校環境衛生検査
教室等の環境（換気、保温、採光、照明、騒音等）、飲料水等の水質および施設・整備、学校の清潔、ネズミ、衛生害虫および教室等の備品の管理、水泳プールなどに関して定められた学校環境衛生基準に沿って、日常検査、定期検査を実施する。

　いっぽう、小中高校生の自殺は2024年度（暫定値）の合計が527人と過去最高値となっている（図2-4）。その原因は、健康問題、家庭問題、学業不振、進路に関する悩み、学友との不和となっている[12]。いじめ問題、不登校、子どもの虐待も対策すべき課題といえる。

## 成人保健

　成人世代の健康課題は、食習慣の変化、運動不足、長時間労働による

---

12）厚生労働省自殺対策推進室．警察庁の自殺統計に基づく自殺者数の推移等．https://www.mhlw.go.jp/content/001386269.pdf（2025年1月29日閲覧）.

図2-4　小中高生の自殺者数年次推移（令和6年暫定値）

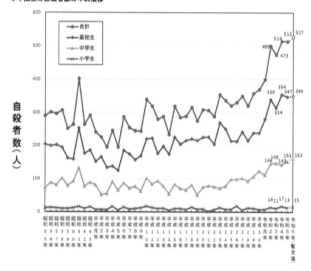

文部科学省HP．児童生徒の自殺対策について．https://www.mhlw.go.jp/content/12201000/000900898.pdfより抜粋

睡眠不足、喫煙・アルコールなどの生活習慣が関連する生活習慣病が大きい。成人期の死亡原因の半数を生活習慣病（悪性新生物、心疾患、脳血管疾患）が占め、医療費全体の約3割を占める[13]。自殺者数は2017年以降減少傾向にあったが、2020年以降は増加しており、10～49歳の年代別死亡率のトップは自殺[14,15]となっており、心の問題が重要な課題である。

　成人保健サービスには、以下のものがある。

### 特定健康診査と特定保健指導
生活習慣病の早期発見と予防を目的として40歳から74歳の人を対象

---

13）厚生労働省HP．我が国の健康・栄養政策の動向について．https://www.mhlw.go.jp/content/10904750/001128375.pdf（2024年9月閲覧）．
14）厚生労働省HP．令和5年中における自殺の状況．https://www.npa.go.jp/safetylife/seianki/jisatsu/R06/R5jisatsunojoukyou.pdf（2024年9月閲覧）．
15）厚生労働省HP．令和5年（2023）人口動態統計月報年計（概数）の概況．https://www.mhlw.go.jp/toukei/saikin/hw/jinkou/geppo/nengai23/dl/gaikyouR5.pdf（2024年9月閲覧）．

に特定健康診査が実施されている。生活習慣についての問診をはじめ、BMI（Body Mass Index）、血圧、血糖値、脂質、肝機能などを検査する。高血圧、脂質異常症、高血糖、内臓脂肪の蓄積などメタボリックシンドロームにつながるリスクが高い受診者には、個別に生活改善を促す特定保健指導が実施される。高齢者の医療の確保に関する法律に基づき、健康保険組合、各社会保険組合などの健康保険者が実施主体となる。

## がん検診

死因別死亡率のトップであるがんの早期発見、早期治療のために主に市町村が主体で実施されているが、職場での健康診断、人間ドック受診の際に受ける人もいる。市区町村が実施するがん健診の項目は、胃がん（50歳以上）、肺がん（40歳以上）、大腸がん（40歳以上）、乳がん（40歳以上）、子宮頸がん（20歳以上）となっている[16]。

## 健康手帳の交付

特定健診・特定保健指導の結果などを記入し、健康管理と適切な医療の確保につなげる。

## 歯周疾患検診

高齢になっても食べる楽しみを失わないように、歯の喪失を予防することを目的に実施される。

## 骨粗鬆症検診

早期に骨量減少者を発見し、骨粗鬆症を予防することを目的に実施される。

## 訪問指導

療養上の保健指導が必要な人や家族等に対して、保健師等が訪問して、その健康に関する問題を総合的に把握し、必要な指導を実施する。

---

16）厚生労働省HP. がん検診. https://www.mhlw.go.jp/stf/seisakunitsuite/bunya/0000059490.html（2024年9月閲覧）

### 健康教育

集団や個人を対象として、生活習慣病予防、その他疾病について健康教育を実施する。

### 健康相談

心身の健康に関する相談にのり指導を実施する。

### 機能訓練

疾病などにより心身の機能が低下している人に対し、心身機能の維持回復に必要な訓練を行うことにより、閉じこもり防止、日常生活の自立を促し、要介護状態の予防を目的とする。

### 肝炎ウイルス検査

肝炎ウイルス検診および肝炎ウイルス検診の結果に基づく指導を行う。

## 産業保健

　COVID-17のパンデミックにより、テレワークの増加など働き方が変化しており、メンタルヘルス問題への対策が重要となっている。高齢労働者の増加とともに疾患の重症化予防や転倒などの事故予防対策も重要となっている。　また、女性の社会進出により女性労働者が働き続けるための配慮が求められている。日本人が一生のうちにがんと診断される確率は、男性62.1%、女性48.9%と2人に1人の罹患率となっている。がんの治療を受けながらの仕事との両立、治療後の職場への復帰においての配慮が求められる[17]。

　産業保健の目的は、従業員の健康の保持増進、疾病予防とともに企業の利益の向上も目指す点が他の保健サービスと異なる点といえる。

　産業保健サービスには、以下のものがある。

---

17）厚生労働省HP. 産業保健に関する現状と課題. https://www.mhlw.go.jp/stf/seisakunitsuite/bunya/0000059490.html（2024年9月閲覧）.

## 健康診断・保健指導

雇入れ時健診、定期健診（年に1回）、特定業務従事者の健康診断（6か月に1回）など、労働者の健康管理を目的として実施する。その後、必要に応じて保健指導を実施する。

## 健康診断後の措置

健診の結果、医師や歯科医師が必要と認める場合は作業の転換、労働時間を短縮することなどで、労働者の健康被害を予防する。

## 特定健康診査・特定保健指導

成人保健サービスの特定健康診査・特定保健指導の項を参照のこと。

## 職業性疾病の予防

特定の職業に従事することで発生する疾病（粉塵作業によるじん肺罹患、チェーンソーなどの振動工具を長年使用することによる振動障がいなど）について、作業管理、作業環境管理などにより予防していく必要がある。

## メンタルヘルスケア・ストレスチェック

定期的にストレスチェックを行い、その結果により労働者がみずからのストレスに気づきストレスに対処すること。ストレスチェックを通じて職場環境を見直し、ストレスの要因そのものを低減させ、メンタルヘルス不調のリスクが高い者を早期に発見すること。それらを医師による面接指導につなげることにより、労働者のメンタルヘルス不調を未然に防止することを目指している。

　以上のように、さまざな場ですべてのライフステージに向けて保健活動が行われている。

　保健医療福祉に携わる者には、必要な人に必要な情報やサービスが届くような支援が求められるだろう。

# 第3章

# 医療施策と現状課題

本章では、医療、保健、福祉といった政策論をベースに述べていきます。財政論からのアプローチを含めて、制度・政策論からの問題点や課題について触れています。そして、地域医療構想といった重要な医療政策の理解についても、認識を深めていただければと考えます。

# 医療費の動向

## 増え続ける国民医療費

　「概算医療費」とは、医療機関からの診療報酬の請求（レセプト）に基づいて、医療保険・公費負担医療分の医療費を集計したものである[1]。これらは2023年度では約47.3兆円と、近年ではほぼ毎年１兆円ずつ増え続けている（表3-1）。

　基本的に医療費は「国民医療費」とよばれるが、この「概算医療費」は統計上の関係から国民医療費の約98％に相当する。しかも、１人当たりの年間の国民医療費は約38.0万円だ（表3-2）。

　日本の平均寿命や乳幼児死亡率を見る限り、日本の医療水準は世界トップクラスであり、コストパフォーマンスとしては良好である。その意味では、世界有数の医療水準を堅持するために高騰する医療費を、どのように「負担」していくべきかの議論が重要だ。この現状を国民全

表3-1　医療費の推移

(兆円)

| | 総　計 | 医療保険適用 | | 公　費 |
| | | 75歳未満 | 75歳以上 | |
|---|---|---|---|---|
| 2008年度 | 34.1 | 21.1 | 11.4 | 1.6 |
| 2009年度 | 35.3 | 21.5 | 12.0 | 1.7 |
| 2010年度 | 36.6 | 22.1 | 12.7 | 1.8 |
| 2011年度 | 37.8 | 22.6 | 13.3 | 1.9 |
| 2012年度 | 38.4 | 22.8 | 13.7 | 2.0 |
| 2013年度 | 39.3 | 23.1 | 14.2 | 2.0 |
| 2014年度 | 40.0 | 23.4 | 14.5 | 2.0 |
| 2015年度 | 41.5 | 24.2 | 15.2 | 2.1 |
| 2016年度 | 41.3 | 23.9 | 15.3 | 2.1 |
| 2017年度 | 42.2 | 24.1 | 16.0 | 2.1 |
| 2018年度 | 42.6 | 24.0 | 16.4 | 2.1 |
| 2019年度 | 43.6 | 24.4 | 17.0 | 2.2 |
| 2020年度 | 42.2 | 23.5 | 16.6 | 2.1 |
| 2021年度 | 44.2 | 25.0 | 17.1 | 2.2 |
| 2022年度 | 46.0 | 25.8 | 18.0 | 2.2 |
| 2023年度 | 47.3 | 26.2 | 18.8 | 2.3 |

厚労省「令和5年度 医療費の動向2024年9月3日より作成[1]

体が、どう受け止めていくかである。安易に医療給付費の抑制策の議論が先行しては、結果的に医療水準の低下を招きかねない。

表3−2　1人当たり医療費の推移

（万円）

| | 総　計 | 医療保険適用 | | | | |
| --- | --- | --- | --- | --- | --- | --- |
| | | 75歳未満 | | | | 75歳以上 |
| | | 被用者保険 | 本　人 | 家　族 | |
| 2008年度 | 26.6 | 18.4 | 13.8 | 12.9 | 13.6 | 86.3 |
| 2009年度 | 27.5 | 18.9 | 14.1 | 13.3 | 14.0 | 88.2 |
| 2010年度 | 28.6 | 19.5 | 14.6 | 13.7 | 14.6 | 90.1 |
| 2011年度 | 29.6 | 20.1 | 15.0 | 14.0 | 14.9 | 91.6 |
| 2012年度 | 30.1 | 20.4 | 15.1 | 14.2 | 15.1 | 91.5 |
| 2013年度 | 30.8 | 20.7 | 15.3 | 14.5 | 15.2 | 92.7 |
| 2014年度 | 31.4 | 21.1 | 15.6 | 14.7 | 15.5 | 93.1 |
| 2015年度 | 32.7 | 21.9 | 16.3 | 15.4 | 16.0 | 94.8 |
| 2016年度 | 32.5 | 21.7 | 16.3 | 15.4 | 16.1 | 93.0 |
| 2017年度 | 33.3 | 22.1 | 16.7 | 15.8 | 16.4 | 94.2 |
| 2018年度 | 33.7 | 22.2 | 16.9 | 16.0 | 16.6 | 93.9 |
| 2019年度 | 34.5 | 22.6 | 17.3 | 16.5 | 16.8 | 95.2 |
| 2020年度 | 33.5 | 21.9 | 16.7 | 16.2 | 15.5 | 92.0 |
| 2021年度 | 35.2 | 23.5 | 18.2 | 17.4 | 17.2 | 93.9 |
| 2022年度 | 36.8 | 24.5 | 19.4 | 18.4 | 18.8 | 95.7 |
| 2023年度 | 38.0 | 25.2 | 20.2 | 19.1 | 19.9 | 96.5 |

厚労省「令和5年度 医療費の動向2024年9月3日より作成

　医療サービスという「財」は、特別なものと捉えている国民も多い。医療費の高騰については問題意識を抱きつつも、「命に関わることなので経済的問題を度外視してもサービス給付を優先的に考えるべき」「夜中に具合が悪くなり、もしかしたらという気持ちで夜間の救急病院へ行く」といったように、効率性・採算性について杓子定規に考えることはできないと、すべての国民が頭の片隅に思い描いているのではないだろうか。

## 保険料と年金額

　現行では年金給付額から医療保険料や介護保険料が自動的に天引き

1）厚労省「令和5年度医療費の動向〜概算医療費の年度集計結果」2024年9月3日

されるため、年金額は定期的に目減りしていく。いわば、実際の可処分所得は減り続けていく。しかも、厚生年金受給者は中所得階層に位置付けられており、保険料や利用料減免といった軽減策の対象外である。

とかく国民年金のみが受給者の老後を問題視されがちだが、団塊世代の人達が老後を迎え、彼らがたとえ厚生年金受給者だからといっても安心はできない。医療や介護保険料の引き上げと年金額の仕組みによって、ますます老後の家計は厳しくなるだろう。

もっとも、健康寿命も伸びているため、高齢者であっても働き続ける社会を普遍化させていくことも考えられる。

## 利用者負担の仕組み

### 利用者負担について

医療保険における自己負担は、年齢に応じて1～3割負担となっている。もっとも、児童に関しては、市町村が「子育て支援」策として財源措置しており、無料もしくは500円定額制など、負担額をかなり抑えている。

そもそも医療・福祉政策において、サービスを提供するにあたっては、いくばくか利用者から自己負担額を徴収することになっている。これらは**応能負担**と**応益負担**の2種類に分けられる。「応能負担」は、経済能力に応じて負担額が異なり、例えば、認可保育園の保育料は親の収入に応じて負担する額が異なる。しかし、「応益負担」は、世帯もしくは個人の経済的負担能力に関係なく、サービスを利用した分に応じて負担していく仕組みだ。例えば、介護保険制度は、原則、一定所得以上の者以外は一律1割負担となっている。訪問介護サービスを1時間利用すれば4,000円（身体介護）であるから、自己負担額は400円となる。月に10回利用すれば、自己負担額は約4,000円ということだ。

このように利用者負担の仕組みには、「応能負担」と「応益負担」の2種類があり、その種別を理解することは、医療・福祉サービスを利用するにあたって重要なことである。

## 個人単位か世帯単位か？

　年間の婚姻件数は1970年の約100万組から比べると、2023年は約47.4万組と大きく減少傾向にある[2]。現代社会において「結婚」という価値観に捕らわれない人が増えているためだ。当然、少子化の要因のひとつとして、この婚姻件数の減少が考えられる。

　現在、日本の家族形態は三世代家族が減少し核家族化と言われながらも、実態は1人世帯が増加している。国立社会保障・人口問題研究所が公表した、直近の将来推計によれば2020〜2050年の間に65歳以上男性の独居率は16.4％から26.1％、女性は23.6％から29.3％に増加すると予測され、特に、男性の単独世帯化が大きく進むとされている[3]。

　1人世帯が増えるということは、社会保障の不平等さも明確となる。例えば、年金制度は、夫の厚生年金と妻の国民年金をあわせて約22万円が平均受給モデルとされているが、1人世帯が増えると1人が受給する年金額で老後を暮さなければならず家計は厳しくなる。また、年金の保険料においても専業主婦は保険料が実質免除されているが、そうでない1人世帯の人は、しっかりと納めなければならず両者の負担格差が明白となる。

　医療保険制度においては、毎月、支払う保険料は「世帯単位」となっており「個人単位」での制度設計にはなっていない。そのため、個人単位で支払う際の保険料が高く、世帯主以外の世帯員との差が広がる。

　財政難が指摘されている社会保障制度において「負担と給付」の実態が、1人世帯と世帯主以外の世帯員と差が生じれば、不平等な社会保障制度と認識され信頼が得られなくなる。確かに、ひと昔前は、1人暮らし世帯の割合が低く、しかも、その中には独身の現役世代が多くを占め、いわば独身貴族を楽しむといった経済的負担の少ない層もいた。しかし、現在の1人世帯は、独居高齢者や非正規雇用者といったように、経済的に厳しく世帯を持てない層が多くなっている。

　このように1人世帯が増えていくことが予測される中で、いずれ「負担と給付」を個人単位とする決断を下さなければ、不平等なシステ

---

2）厚労省「令和5年（2023）人口動態統計（確定数）の概況」2024年9月17日
3）国立社会保障・人口問題研究所「日本の世帯数の将来推計（全国推計）（令和6（2024）年推計）」2024年4月12日。

ムが拡充するばかりである。

　今後、18歳未満の子育て世帯に限っては世帯単位の考え方を維持し、それ以外においては、原則、個人単位で保険料の負担や給付のあり方に、社会保障制度全体を再構築すべきだろう。あわせて、税制制度などの「扶養」といったシステムも見直していかなければならないだろう。

## 非課税世帯か否かで利用料が変わる！

　ある高齢者が介護施設に入居するとしよう。その場合、支払うべき食事や部屋代の額は、入居した高齢者が非課税世帯か否かで違ってくる。

　基本的には公的な医療・福祉サービスを利用する場合、普段から支払っている税金や保険料のほかに、実際、使う時にも一部の自己負担を支払う。そして、その額は収入や資産によって異なり、その尺度のひとつが非課税か否かである。

　非課税世帯か否かの基準は、家族構成や高齢者であるかどうかによるので、役所の窓口に相談してみるとよい。それによって、「保育園」「介護施設」「障がい者福祉サービス」といった利用料、「国民健康保険制度」「介護保険制度」の保険料に違いが生じてくる。

## 入院時食事療養費

　「入院時食事療養費」とは、入院時の食費1食あたりの総額と自己負担を国が定めており、その差額を保険給付として支給するものである。

　2024年6月1日から1食当たり入院時食事療養費標準「負担額」は490円となっている。ただし、年齢や住民税非課税か否かで自己負担額が110円～230円と軽減されている。

# 公費負担医療制度

## 障害者福祉

　障害者医療費公費負担は、身体障害者福祉法に基づく**更生医療**、児童福祉法に基づく**育成医療**、精神保健福祉法に基づく**精神通院医療費公費負担制度**（32条）などがある。

　更正医療は、身体障がいのある人が、障がいの程度を軽くする又は取り除き、その進行を防ぐことで日常生活維持のために給付する医療だ。給付対象は、診察、薬剤、治療材料の支給、医学的処置、手術およびその他の治療並びに施術、病院、又は診療所への収容、看護、移送である。福祉事務所又は町村福祉担当課に申請し判定を受け、交付された「更生医療券」を持参して指定医療機関で診療を受ける。費用負担は、原則、医療費の１割であるが、前年の課税状況に応じて異なる。

　育成医療は、児童福祉法第４条第２項に規定する障がい児で、その身体障がいを除去、軽減する手術等の治療によって確実に効果が期待できる者に対して提供される医療給付だ。１割負担が原則だが、世帯ごとの所得等に応じて月ごとの負担が異なる。

　精神通院医療は、うつ病などの精神疾患の診断があり、通院による継続的な治療が必要な人が申請・利用できる制度である。実施主体は都道府県や指定都市で、有効期間は１年、継続して支援を受けたい場合は更新が必要となる。ただし、入院費、医療保険外である診断書、カウンセリング、精神療法は対象外だ。

## 結核と難病

　結核と診断された患者は、適正な医療を受けられるよう、「一般医療費」として感染症法で医療費の一部又は全額が公費で負担される。具体的には、総医療費（薬代、X線検査、菌検査など）の95％が公費で負担され、残りの５％が自己負担となる。また、「勧告入院患者医療費」として他の人へ感染させる恐れのある場合は結核病床に入院し、そこで行

う治療費については、原則、自己負担はない。ただし、一部所得に応じて自己負担が生じるケースもある。

　なお、厚生労働省において「難病医療費助成制度の対象疾病（指定難病）」は、2024年4月から341疾病に拡大されている[4]。

# 「24年骨太の方針（閣議決定）」

## 医療保険制度改革に向けた議論

　毎年、政府の政策や重要課題、翌年度予算編成の方針を示す「骨太の方針（俗称）」というものが6月下旬に公表される。正式名称は**経済財政運営と改革の基本方針**だ。決定過程では首相が議長を務める経済財政諮問会議で謀られ、小泉政権時の2001年度が始まりとされている。「24年骨太の方針」における医療政策の主な内容は以下のとおりであった。

　「2040年頃を見据えて、医療・介護の複合ニーズを抱える85歳以上人口の増大や現役世代の減少等に対応できるよう、地域医療構想の対象範囲について、かかりつけ医機能や在宅医療、医療・介護連携、人材確保等を含めた地域の医療提供体制全体に拡大するとともに、病床機能の分化・連携に加えて、医療機関機能の明確化、都道府県の責務・権限や市町村の役割、財政支援の在り方等について、法制上の措置を含めて検討を行い、2024年末までに結論を得る。」[5]

　ここで骨子となる医療政策として、「地域医療構想」「かかりつけ医機能」「病床機能の分化・連携」「都道府県の責務・権限や市町村の役割」といったキーワードが盛り込まれ、重要な項目であることがわかる。

---

4）厚労省「難病にかかる医療費の助成が受けられます」
5）閣議決定「経済財政運営と改革の基本方針2024」2024年6月21日41頁。

## 地域医療構想とは

　地域医療構想とは、「医療介護総合確保推進法」に基づいて、2025年に向け病床の機能分化・連携を進めるために実施するものである。都道府県が「地域医療構想」の策定を行い、主に２次医療圏単位での医療の需給関連を明確化するものである。なお、全国規模で見た病床数の目指すべき推移は厚労省より提示されている（図3-1）。

**図3-1　全国規模で見た病床機能ごとの病床数の推移**

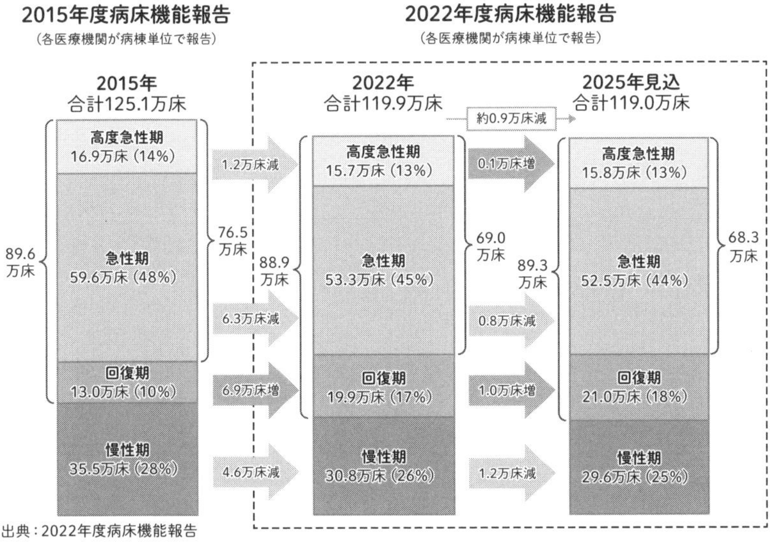

出典：2022年度病床機能報告

厚労省『令和５年度第３回医療政策研修会資料１「地域医療構想について」』2024年１月19日14頁
https://www.mhlw.go.jp/content/10800000/001193024.pdf

　具体的には、①高度急性期、②急性期、③回復期、④慢性期の４機能ごとに医療需要と病床の必要量を推計する。そして、目指すべき医療提供体制を実現するための施策として、例えば、医療機能の分化・連携を進めるための施設設備、在宅医療等の充実、医療従事者の確保・養成等など目指すべき施策を明確化していく。

　特に、「医療機能の分化・連携」については、都道府県の「地域医療構想調整会議」で議論・調整することとされている。

第3章　医療施策と現状課題　49

## かかりつけ医機能

　かかりつけ医とは、「なんでも相談できる上、最新の医療情報を熟知して、必要なときには専門医、専門医療機関を紹介でき、身近で頼りになる地域医療、保健、福祉を担う総合的な能力を有する医師」と定義されている[6]。

　国（厚生労働省）は、初期治療は医院・診療所で、高度・専門医療は病院で行うように促している。そのため、「かかりつけ医」の位置づけを重要視しており、他の医療機関などからの紹介状なしに「200床以上の病院」において初診で受診した場合は、通常の医療費のほかに費用が徴収される。これは「保険外併用療養費（選定療養）」の中のひとつとされている。初診時：7,700円以上（歯科は5,500円以上）、再診時：3,300円以上（歯科は2,200円以上）がプラスで徴収される（2024年1月1日現在）。

　医療において「かかりつけ医」は重要であるが、介護保険の要介護認定の申請にも、必ず「かかりつけ医」が必要となる。そのため、普段から健康について相談できるお医者さんがいると、申請がかなりスムーズに運ぶため重要なポイントとなる。また、入院が必要な状態の場合、主治医に専門の病院を紹介してもらえるため安心だ。紹介状を書いてもらえば入院もスムーズに運ぶ。

　高齢になると何らかの病気を患いがちである。健康管理の意味でも「かかりつけ医」を持つことをお勧めする。


## 診療報酬について

## 中医協とは

　診療報酬は2年に1度改定され、健康保険法第82条によって改定率は厚生労働省が中央社会保険医療協議会（中医協）に諮問（意見を求める）され決定される。いわば診療報酬の算定が、国民医療費の総枠・内訳を決定することになる。

---

6)「医療提供体制のあり方」日本医師会・四病院団体協議会合同提言（2013年8月8日）

診療報酬の算定における財の配分問題は、マクロ的な視点でその全体の総枠にどれだけの財が配分されるかという部分と、ミクロ的な視点でその配分された総枠をどう分配していくかという議論にある。

　これらの改定率引き上げや診療報酬体系の見直しは、中医協を舞台とした圧力団体である日本医師会（以下、日医）の多大な影響力が関連している。しかし、日医に限らず健康保険連合組合（以下、健保連）、厚生省、企業側なども同様に改定率決定などに強い影響力があるということも忘れてはならない。

　本来、診療報酬算定問題では公正な財の分配という視点で議論がされていかなければならないが、現状ではこれら関係団体による利害関係のインセンティブが大きく機能している。

　なお、この件について筆者は、診療報酬算定において明確なルールが設定されていないため起きる問題だと考えている。特に、「技術料」の算定が曖昧なため、薬価差益や入院医療、検査医療などの弊害を招いていると考える。国内では医療費高騰が大きな問題となっており、公正な財の分配が目指されている。その意味では、診療報酬算定において「技術料」が曖昧にされている点に着目し、その経緯について検証・分析する必要があると考える。

## 24年診療報酬改定

　24年診療報酬改定は「＋0.88％」（2024年6月1日施行）となり、医療DXの推進による医療情報の有効活用等、調剤基本料等の適正化が目指された。特に、医療現場で働く従事者にとって、2024年度に2.5％、2025年度に2.0％のベースアップの道筋を示した。

　なお、マイナ保険証利用により得られる薬剤情報等を診察室等でも活用できる体制を整備するとともに、電子処方箋および電子カルテ情報共有サービスの整備、マイナ保険証の利用率を要件とし、医療DX化を推進させる診療報酬改定であった。

### 医療系職員の賃上げ

　24年診療報酬改定においては、医療機関等で勤務する看護職員、病院薬剤師その他の医療関係職種の賃上げのための財源措置がなされ、特例的な対応として＋0.61％の改定となった。これによって、2024年度に＋2.5％、2025年度に＋2.0％のベースアップの実施が目指された。定期昇給なども合わせた数値となっている。

　診療報酬はつまり、医療の値段であるが、働く医療関係者の賃金アップも考慮された上で報酬額が決まる。報酬が引き上がるということは、医療関係者の賃金も引き上げられるといった側面がある。

## 子ども・子育て支援金制度

　子ども・子育て支援金制度は、社会保障制度の理念を考える重要な施策である。政府は、毎年3.6兆円を要する少子化対策のうち、新たに1兆円の財源確保のため全世代が加入する「医療保険」を活用して、これら保険料の上乗せによって工面することとなった。それにより、児童手当や育児休業給付の拡充策の財源とされている。

　しかし、言うまでもなく医療保険は、「病気」「療養」といったリスクに備えるための社会保険であり、少子化対策とは目的や意義を異にするシステムだ。いくら財源が必要だからといって、使途が異なる制度から財源を調達するのは「給付と負担」といった論理が崩れてしまい"御都合主義"といっても過言ではないだろう。

　本来、財源が必要であれば増税などによって工面すべきである。例えば、大企業を中心に法人税を引き上げてはどうだろう。現金・預金量である内部留保が、2023年度は過去最高の350兆円に達している。昨今、法人税は引き下げられてきており、少子化対策の強化は人手不足解消の施策に繋がり、いくらかでも企業が負担することは理にかなっている。

　また、相続税などの資産税の引き上げも考えられる。資産を有する割

合は高齢者層が多い。従来、社会保障制度は若者が高齢者を支える仕組みであったが、昨今のいびつな人口構造においては課題だ。富裕層である高齢者層から負担増を求めるという意味で、資産課税を強化し、少子化対策を講じていくことは逆の意味での世代間扶養の実現となる。

もっとも、今回、政府が打ち出した児童手当や育児休業給付などの拡充策は、どれも中途半端で抜本的な対策とはならない。限られた予算3.6兆円を使うのであれば、例えば、大学など高等教育機関の授業料および入学金を、原則「無償化」するぐらいの一点集中型にし、インパクトのある施策を打ち出すべきだ。それにより、大学などの高等教育機関卒業後に奨学金返済に追われる若者が減り、「結婚」に前向きとなる層も増え、少子化対策に効果的となるに違いない。


## 死後格差

ここで厳しい現実だが、「葬儀料」を例に、医療・福祉もお金次第という話をしよう。

近年、身寄りがない独り暮らしの高齢者が増え、年金額が足りず生活保護を受給する人が増えている。生活保護を受給するには、預貯金や資産が全くないことが前提だが、独居高齢者になると、地域にもよるが、毎月11万円前後の「お金」が支給される。ただし、年金があり3万円あれば、残りの8万円が生活保護から支給される。それらに加え、医療や介護保険といった利用料も無料になる。このような身寄りのない人が不幸にも亡くなると、誰も葬儀をしてくれず、寂しい葬式になる。そして、無縁仏として葬られるのだ。これらの生活保護受給者に支給される葬儀代は、おおよそ20万円で、安いプランで葬儀屋に頼めば20万円でも葬儀が可能だからかもしれない。

筆者は、福祉現場で仕事をしていた時に生活保護受給者の葬儀に参列したことがあるが、この20万円で火葬までのすべてを行うわけだから、かなり質素であった。お坊さんもおらず、ただ遺体を焼き、遺骨にして、そこにいる人でお悔やみをするだけである。参列者は、役所関係者

第3章　医療施策と現状課題　53

と火葬場の係員のみだったと記憶する。

　高齢者の介護現場では、人生の最期が近い人たちが対象となるため、「死」について考えざるをえない。そのとき、その人の人生がどうであったかは、葬儀の様子を見れば理解できる。多くの人が弔問に訪れ、その人の「死」を悲しむ。そのような場合は、人望のあった方が亡くなられたと、誰もがわかるだろう。しかし、役所における医療・福祉の仕事は、当然、事務的に遂行される。たとえ尊い「命」が亡くなったとしても、基準以上の葬儀代は支給されない。

# 第4章

# 医療・保健・福祉と行政

本章では、行政の視点から医療、保健、福祉、介護などについて触れています。これらの運営主体は、国、都道府県、市町村などであるため、それぞれの棲み分けを理解する必要があります。特に、医療法などの法律の位置づけ、行政計画などが重要であるため、その認識を深める助けになることを目指しています。

# 「国」「都道府県」「市町村」

社会保障サービスは、**社会保険制度**と**福祉制度**に大きく分類できるが、これらのサービスは、行政機関が大きく関与している。しかし、行政組織といっても、「国」「都道府県」「市町村」といったように、それぞれ異なる機関である。そのため、各福祉サービスが、どの行政機関の管轄であるかを理解する必要がある。なお、行政組織には、上記の3つの他に、「広域連合」「一部事務組合」といった形態もある。

また、東京23区（特別区）も通常の市町村と考えてよい。横浜市や札幌市のような政令指定都市は、市役所にも都道府県と同等な権限があるので、実質的には同じと考えるべきだ。

地方自治法2条5項によれば、都道府県は「市町村を包括する広域の地方公共団体」とされ、広域にわたる事務や市町村に対して連絡事務などを行う。また、市町村ができない補完的な事務も責務としている。

いっぽう、市町村は住民の身近な事務を行うことになっている。なお、第二次大戦後の1949年5月8日に来日したシャウプ博士を団長とする一行が行った勧告、いわゆる「シャウプ勧告」によって、国・都道府県・市町村間の事務の配分に関しては、「市町村優先の原則」ということが初めていわれた。

# 自治体における福祉現場

## 措置制度とは

福祉サービスにおいて、理解しておくべき重要なキーワードとして**措置**という言葉がある。「措置」とは、行政行為に基づいて福祉サービスが提供されることを意味する。戦後は「措置制度」のもとで福祉が展開されてきた。そして措置を行う機関を**措置権者**といい、主に市役所などがそれにあたる。具体的には民間の社会福祉施設へ入所者を預け

ていた事務などだ。

しかし、高齢者への入所は介護保険制度が創設されて、措置制度は廃止された。現在、措置制度が残っているのは、児童養護施設や養護老人ホームの入所関連である。ただし、認可保育園の入所に関しては、1998年4月施行の児童福祉法の改正により、従来の入所方式であった措置制度から、利用者による**選択利用**方式の制度に改正された。もっとも、実質的には市役所が入所判定を行っており、保育園自体の入所決定権は制限されている。

## 身近な福祉行政機関「福祉事務所」

福祉事務所は、社会福祉法第14条の「福祉に関する事務所」を意味するが、主に都道府県福祉事務所（郡部福祉事務所）と市区町村福祉事務所（市部福祉事務所）に分けられる。

具体的には「都道府県の設置する福祉に関する事務所は、生活保護法、児童福祉法および母子および寡婦福祉法に定める援護又は育成の措置に関する事務のうち都道府県が処理することとされているものをつかさどるところとする」（社会福祉法第14条5）。

つまり、町村は福祉事務所の設置義務がないので設置数は少なく（表4-1）、都道府県の福祉事務所が管轄している。いっぽう、「市町村（特別区を含む、以下同じ）の設定する福祉に関する事務所は、生活保護法、児童福祉法、母子および寡婦福祉法、老人福祉法、身体障害者福祉法および知的障害者福址法に定める援護、育成又は更生の措置に関する事務のうち市町村が処理することとされているもの（政令で定めるものを除く）をつかさどるところとする」（社会福祉法第14条5）となっている。

表4-1　福祉事務所の設置状況（箇所）

| 設置主体 | 都道府県 | 市（特別区含む） | 政令・中核市 | 町村 | 計 |
|---|---|---|---|---|---|
| 福祉事務所数 | 203 | 742 | 252 | 47 | 1,244 |

厚生労働省HP（2024年4月1日現在）より
http://www.mhlw.go.jp/stf/seisakunitsuite/bunya/hukushi_kaigo/seikatsuhogo/fukusijimusyo/index.html

第4章　医療・保健・福祉と行政　57

## 福祉事務所のしごとは市町村が主体

　1993年4月、老人福祉および身体障害者福祉の施設入所事務等が、都道府県から市町村へ移譲された。そして2003年4月には知的障害者福祉分野の施設入所事務等が同じく市町村に移譲されたのだ。つまり、住民の身近な福祉サービスは、いまや市町村の福祉事務所が担っており、住民の福祉行政にとっては重要な役割・機能を果たしている。

　なお、現在の福祉事務所は、「大福祉事務所」と言われるように、庁舎内では福祉六法以外の福祉関連部署と一体的な組織運営となりがちで（大福祉事務所）、場合によっては保健所もしくは保健センターと統合されるなど「保健福祉センター」といった形態で運営されることも少なくない。

　福祉事務所の仕事を理解するには、社会福祉法第14条「福祉に関する事務所」の業務なのか否かを目安にするとよい（基本的には福祉六法）。

## 保健機関

### 保健所

　地域保健法に基づいて、保健所は広域的な保健サービス（第2次予防）を行う機関だ。この第2次予防とは、「心の相談」「感染症による相談・検査（結核、エイズ、インフルエンザなど）」「難病対策」「飼い犬登録や狂犬病予防」「食品営業許可」「食中毒の予防」「医療機関の開設許可」「薬局・薬店の開設許可」「医薬品や劇物の販売業の許可」といった業務を指す。

　近年、保健所の設置数は横ばいである（表4-2）。

表4－2　保健所数の推移

(箇所)

| 区分 | | 2015 | 2016 | 2017 | 2018 | 2019 | 2020 |
|---|---|---|---|---|---|---|---|
| 保健所総数 | | 486 | 480 | 481 | 469 | 472 | 469 |
| | 都道府県 | 364 | 364 | 363 | 360 | 359 | 355 |
| | 保健所設置市 | 99 | 93 | 95 | 86 | 90 | 91 |
| | 特別区 | 23 | 23 | 23 | 23 | 23 | 23 |

資料：厚生労働省健康局調べ。

(注)保健所は、各年4月1日現在

# 保健センター

　保健センターは、保健サービス（第1次予防）の機能を果たし、市町村が中心となって「疾病予防」「病気の早期発見」「各種保健事業および予防接種」などを行う機関である。

　第1次予防としては、乳幼児健診、老人保健（介護予防）などの事業が挙げられる。厚生労働省資料によれば、全国で2,422カ所設置されている（2024年4月1日現在)。

# 災害拠点病院

　1996年厚生省発令によって「災害時における初期救急医療体制の充実強化を図るための医療機関」として、災害拠点病院が設けられた。

　2024年4月1日現在、776病院（基幹災害拠点病院63病院、地域災害拠点病院713病院）が指定されている。なお、基幹災害拠点病院は、原則として各都道府県に1カ所設置するとされている。また、地域災害拠点病院は、原則として2次医療圏に1カ所設置することとなっている。具体的には次のような機能を備えた病院である。

① 24時間いつでも災害に対する緊急対応ができ、被災地域内の傷病者の受け入れ・搬出が可能な体制を持つ
② 重症傷病者の受け入れ・搬送を、ヘリコプターなどを使用して行うことができる
③ 消防機関（緊急消防援助隊）と連携した医療救護班の派遣体制がある
④ ヘリコプターに同乗する医師を派遣でき、さらに、これらをサポートする十分な医療設備や医療体制、情報収集システム、ヘリポート、緊急車両、自己完結型で医療チームを派遣できる資器材を備えている

# 医療関連の法令

## 医療法

　医療関連の法令でもっとも基本となるのが1948年（昭和23年）に制定された**医療法**だ。しかし、1980年に起こった富士見産婦人科事件を機に、医療法は次々に改正されていくことになる。この事件は埼玉県にある産婦人科病院での乱診乱療が明るみとなったことが経緯としてあり、医療法人への監督強化のための医療法改正の必要正が活発に議論されるきっかけになった。

　そして、1985年に最初の医療法改正が行われた（第1次医療法改正）。この改正により、都道府県による地域医療計画の策定が行われるようになった。

　以下が、それぞれの医療法改正で盛り込まれた内容である。

第1次医療法改正（1985年改正）：各都道府県で医療計画が策定、それを基に医療施設の整備

第2次医療法改正（1992年改正）：医療の理念規定を整備。高度先進医療を担う「特定機能病院」、慢性患者の長期療養を担う「療養型病床群」の制度化、そして「一般病院」と3種類を整備

第3次医療法改正（1997年改正）：1996年介護保険法案が国会に提出さ

れたのを機に、要介護者に対応する地域での医療サービスの強化、療養型病床群の診療所への拡大、地域支援病院の創設、医療計画の見直し

第4次医療法改正（2000年改正）：一般病床が「療養病床」と「一般病床」に区分、一般病床の看護配置基準の4対1から3対1に引き上げ、カルテ等に関係する情報開示、医師・歯科医師の2年間の臨床研修

第5次医療法改正（2007年改正）：新設医療法人については持ち分なしに限定、社会医療法人の創設、4疾病5事業の具体的な医療連携体制の位置付け、広告規制の緩和

第6次医療法改正（2014年改正）：病床機能報告制度と地域医療構想の策定、認定医療法人制度の創設

第7次医療法改正（2015年改正）：地域医療連携推進法人制度の創設、医療法人の経営の透明性の確保およびガバナンスの強化

第8次医療法改正（2017年改正）：特定機能病院のガバナンス改革、医療機関開設者に対する監督規定、医療機関のWebサイトなどにおける広告規制強化

## 具体的な医療法の規定

　医療法では、病院又は診療所の管理者は、入院時の治療計画書の作成および交付は書面で行わなければならないとされている。また、医師は時間外であっても、正当な事由がなければ拒んではならないと規定されている。そもそも、医師は業務独占の資格であり、処方せんの交付を薬剤師に委任することはできない。そして、診療録の記載・保存も義務化されており、患者の保健指導も義務となっている。

　いっぽう地域医療構想は都道府県が策定することとなっており、病

床機能報告制度に規定された病床の機能は、①高度急性期機能、②急性期機能、③回復期機能、④慢性期機能の4種類となっている。なお、一般病床、療養病床を有する病院又は診療所の管理者は、毎年、病床機能を報告しなければならない。そして、病院、診療所又は助産所の管理者は、医療事故が発生した場合には、医療事故調査・支援センターに報告しなければならない。

## 医療提供体制について

在宅医療専門の診療所は、外来応需体制も有している必要がある。また、かかりつけ歯科医機能強化型歯科診療所とは、口腔機能の管理を行う機関である。ただし、有料老人ホームも、公的医療保険における在宅医療の適用内となっている。

いっぽう保険薬局とは、保険の指定を受けた薬局のことである。そのため、居宅における医学的管理、指導を行うことではない。

## 政策は計画次第

### 市町村地域福祉計画と都道府県地域福祉支援計画

現在、福祉計画はいくつかあるが、なかでも重要なのは、社会福祉法に規定された**市町村地域福祉計画**（社会福祉法107条）と**都道府県地域福祉支援計画**（社会福祉法108条）である。市町村及び都道府県は、その策定において努力義務がある。

厚生労働省の資料によると、策定が努力義務であるため、1,736市町村（東京都特別区を含む、以下同じ）については、市町村地域福祉計画を「策定済み」が1,492市町村（85.9%）となっている。なお、全47都道府県については、都道府県地域福祉支援計画は策定済みだ。両計画とも策定期間は5年となっているケースが多い。

「市町村地域福祉計画」の趣旨は、誰もが住み慣れた地域で、その人らしい自立した生活が送れるような仕組みをつくることにある。各地

域には、高齢者、障がい者、乳幼児、児童などの福祉サービスを必要としている人が多くいる。これらの支援を考えるにあたって、住民自らが課題を発見し助け合う仕組みづくりが目的とされている。そのため、「市町村地域福祉計画」を作成するには住民の参加が不可欠である。なお、「市町村地域福祉計画」には、以下3つの盛り込むべき内容が、社会福祉法に規定されている。

① 地域における福祉サービスの適切な利用の推進の事項
② 地域における社会福祉を目的とする事業の健全な発達の事項
③ 地域福祉に関する活動への住民参加の促進の事項

なお、市町村は、計画を策定および変更するときは、あらかじめ、住民、社会福祉を目的とする事業を経営する者その他、社会福祉に関する活動を行う者の意見を反映させ必要な措置を講ずるとともに、その内容を公表しなければならない。

「都道府県地域福祉支援計画」は、

① 市町村の地域福祉の推進を支援するための基本的方針に関する事項
② 社会福祉を目的とする事業に従事する者の確保又は資質の向上に関する事項
③ 福祉サービスの適切な利用の推進及び社会福祉を目的とする事業の健全な発達のための基盤整備に関する事項

の3項目が定められている。

なお、都道府県は計画の策定および変更するときは、あらかじめ、公聴会の開催等住民その他の者の意見を反映させるために必要な措置を講ずるとともに、その内容を公表しなければならない。

## 老人福祉計画と介護保険事業計画

都道府県と市町村は、3年間を一期として、高齢者施策の基本計画となる**老人福祉計画**と**介護保険事業計画**を、老人福祉法及び介護保険法に基づいて策定しなければならない。これは地域福祉計画と異なり、必

ず策定する必要がある。いわば高齢者福祉・介護サービスの基本となるもので、きわめて重要な計画である。市町村老人福祉計画と介護保険事業計画は、介護保険料や介護施設などのサービスの量を決める上で重要になる。

## 障害者福祉に関する計画

　2004年6月「障害者基本法」の改正により都道府県及び市町村における障害者計画の策定が、都道府県については改正法の公布当日から、市町村については2007年4月から義務化されている。

　そもそも障害者基本法では、国、都道府県、市町村のそれぞれに障害者施策の総合的かつ計画的な推進を図るため計画を策定することとなっており、具体的には**障害者基本計画**（国）、**都道府県障害者計画**、**市町村障害者計画**となっている。「国」「都道府県」「市町村」は、障害者施策の総合的かつ計画的な推進を図ることが目指されている。これは、障害者施策を効果的に進めるためである。計画には、障害者団体の代表、医療・教育・福祉等に従事する専門家、学識経験者等の各方面の幅の広い意見を反映させることになっている。

　いっぽう障害者総合支援法に基づく**市町村障害福祉計画**（障害者総合支援法88条）、**都道府県障害福祉計画**（障害者総合支援法89条）の2種類がある。この2つの障がい者に関する福祉計画も、必ず策定しなければならないことになっている。

　当該地域の実態を勘案して作成することになっており、具体的な障害福祉サービス、相談支援体制及び地域生活支援事業の提供体制に関する計画である。しかも、住民の意見を反映させなければならないとされている。

## 子ども・子育て支援事業計画

　2012年8月、**子ども・子育て関連3法**（子ども・子育て支援法、認定こども園法の一部改正、子ども・子育て支援法及び認定こども園法の一部改正法の施行に伴う関係法律の整備等に関する法律）が成立し、これらの法律に基づき、

2015年4月から「子ども・子育て支援新制度」が施行されている。そして国は、子ども・子育て支援のための施策を総合的に推進するための基本的な指針（基本指針）を策定することになった（子ども・子育て支援法第60条）。

　なお、**子ども・子育て支援法第61条**に基づいて、市町村は「市町村子ども・子育て支援事業計画」を策定することになった。具体的には、市町村が子どもの子育て状況や各事業の利用状況、利用への希望を把握し、5年を1期とする支援事業計画を策定、それに基づいて事業を実施することとなってる。なお、以下のような事項を計画に盛り込むことが必須になっている。

---

**＜必須記載事項＞**
・区域の設定
・各年度における幼児期の学校教育・保育の量の見込み、実施しようとする幼児期の学校教育・保育の提供体制の確保の内容及びその実施時期（第2項第1号）
・地域子ども・子育て支援事業の量の見込み、実施しようとする地域子ども・子育て支援事業の提供体制の確保の内容及びその実施時期
・幼児期の学校教育・保育の一体的提供及び当該学校教育・保育の推進に関する体制の確保の内容

**＜任意記載事項＞**
・産後の休業及び育児休業後における特定教育・保育施設等の円滑な利用の確保
・子どもに関する専門的な知識及び技術を要する支援に関する都道府県が行う施策との連携
・労働者の職業生活と家庭生活との両立が図られるようにするために必要な雇用環境の整備に関する施策との連携

---

　いっぽう都道府県も、**都道府県子ども・子育て支援事業支援計画**（子ども・子育て支援法第62条）を策定することとなっており、子ども・子育て支援施策のうち、広域的な事業を行うとされている。5年ごとに計画を策定し、以下のような事項を計画に盛り込むことが必須になっている。

第4章　医療・保健・福祉と行政　　65

<必須記載事項>
・幼児期の学校教育・保育に係る需要量の見込み、提供体制の確保の内容
　及びその実施時期
・幼児期の学校教育・保育の一体的な提供を含む子ども・子育て支援の推
　進方策（幼児期の学校教育・保育、家庭における養育支援の充実方策を
　含む）
・市町村が行う事業との連携が必要な社会的養護に係る事業、障がい児の
　発達支援に着目した専門的な支援に係る事業
・人材の確保・資質向上

<任意記載事項>
・市町村の業務に関する広域調整
・特定施設・事業者に係る情報の開示
・職業生活と家庭生活との両立に関すること

# 医療計画について

## 医療計画とは

　医療計画は、各都道府県が、地域の実情に応じて、当該都道府県における医療提供体制の確保を図るために策定するものである。具体的には、医療提供の量（病床数）を管理するとともに、質（医療連携・医療安全）を評価することである。そして、医療機能の分化・連携（医療連携）を推進し、急性期から回復期、在宅療養に至るまで、地域全体で切れ目ない医療が提供される体制を構築することにある。

　そもそも、医療計画は1985年の医療法改正により導入された。そして、都道府県の2次医療圏ごとの病床数の設定、病院の整備目標、医療従事者の確保等を記載することとなった。

　その後、2006年の医療法改正により、「疾病・事業」ごとの医療連携体制を計画に盛り込むこととなった（現在：5疾病「①がん」「②脳卒中」「③心血管疾患」「④糖尿病」「⑤精神疾患」、6事業「①救急医療」「②災害医療」「③へき地医療」「④周産期医療」「⑤小児医療」「⑥新興感染症発生/まん延時の医療」といった5疾病6事業が位置づけられている）。

　また、2014年の医療法改正により**地域医療構想**を記載しなければな

66

らなくなり、2018年の医療法改正により、「医師確保計画」および「外来医療計画」をも位置付けることとなった。

① 急性期から回復期、慢性期までを含めた一体的な医療提供体制の構築
② 疾病・事業横断的な医療提供体制の構築
③ ５疾病・６事業および在宅医療に係る指標の見直し等による政策循環の仕組みの強化
④ 介護保険事業（支援）計画等の他の計画との整合性の確保

そして、具体的な数値目標の設定と評価を行い、その評価結果に基づき、計画の内容を見直すといったPDCAサイクルを効果的に機能させることで、医療計画の実効性の向上を図ることが重要であるとされている。

## ２次医療圏について

基本的な保健医療を提供する「１次医療圏（基本的に市町村単位）」が設定されている。そして、２次医療圏とは、都道府県内の一定の医療圏として設定し病院等における入院に係る医療を提供することが相当である単位としてある。例えば、地理的条件等の自然的条件、日常生活の需要の充足状況、交通事情等を考慮される圏域である。

２次医療圏の人口規模が医療圏全体の患者の受療動向に大きな影響を与えている。そのため、**医療計画作成指針**において、一定の人口規模及び一定の患者流入・流出割合に基づく、２次医療圏の設定の考え方を明示することとなっている。

なお、地域医療構想において、都道府県は２次医療圏を基本とした構想区域ごとに、2025年の病床の機能区分ごとの病床数の必要量とその達成に向けた病床の機能の分化および連携の推進に関する事項を定めることとされており、2016年度末までに、すべての都道府県において地域医療構想が策定された。医療計画には、以下の項目が盛り込まれることとなっている。

第4章　医療・保健・福祉と行政　　67

① 急性期から回復期、慢性期までを含めた一体的な医療提供体制の構築
② 疾病・事業横断的な医療提供体制の構築
③ ５疾病・６事業および在宅医療に係る指標の見直し等による政策循環の仕組みの強化
④ 介護保険事業（支援）計画等の他の計画との整合性の確保

## ３次医療圏

「３次医療圏」とは、都道府県ごとにひとつ、北海道のみ６医療圏とし、特殊な医療を提供する圏域のことである。例えば、① 臓器移植等の先進的技術を必要とする医療、② 高圧酸素療法等特殊な医療機器の使用を必要とする医療、③ 先天性胆道閉鎖症等発生頻度が低い疾病に関する医療、④ 広範囲熱傷、指肢切断、急性中毒等の特に専門性の高い救急医療等が提供される。

<参考文献>
・厚生労働省健康局長「（通知）地域保健対策の推進に関する基本的な指針の一部改正について」2022年２月１日
・厚労省「令和５年版厚生労働白書」2023年８月１日
・公益社団法人日本看護協会編「令和５年版 看護白書」2023年８月
・総務省「地方財政の状況関連資料集」2024年３月
・総務省編集「地方財政白書 令和６年版（令和４年度決算）」日経印刷 2024年４月

第 **5** 章

# 保健師の役割

保健師と聞いて具体的な仕事の内容が思い
浮かぶ方は少ないかもしれません。その教
育課程、歴史、現代の活動の場について概
観します。多職種連携において保健師と協
働することの意義を感じていただければと
考えます。

# 保健師とは

　保健師と聞いてどのような仕事をイメージするだろうか。家庭訪問
をしている人というイメージの方もいるだろうし、そもそもイメージ
ができない方も多いかもしれない。

　保健師とは、保健師助産師看護師法に基づき、厚生労働大臣の免許を
受けて、保健師の名称を用いて、保健指導に従事することを業とする者
とされている。つまり、保健指導をする人だ。

　同じく保健師助産師看護師法29条[1) ] に、保健師業務の制限として、
保健師でない者は、保健師又はこれに類似する名称を用いて、第2条[1)]
に規定する業（保健指導）をしてはならないとされている。これは名称
独占といい、保健師資格を持たない者が保健師と名乗って保健指導を
してはならないことを示している。

　保健指導の目的は、受け手が自身の健康問題を認識し、改善するため
に行動変容することである。保健師の活動は公衆衛生看護活動である
が、松本千晴らは、公衆衛生看護の概念を以下のように示している[2)]。

---

・公衆衛生と看護の2領域が統合したひとつの専門領域
・個人、家族、集団、地域全体を対象とした活動
・予防的観点からのアプローチ
・対象者をエンパワーメントし、住民とともに、地域における顕在的、潜
　在的健康問題を解決する

---

　保健師は、主に、都道府県（保健所）・市区町村（保健センター）などに公
務員として勤務しており、保健、医療、福祉、介護などの分野で、乳幼児
から高齢者までのすべての住民を対象に必要な保健サービスを提供し
ている（第2章で述べた保健サービス参照）。

　母子、親子に対しては乳幼児健康診査や両親学級の実施、妊産婦や新
生児のいる家庭へ家庭訪問をして個別に保健指導、健康相談を行って
いる。成人に対しては、高血圧や糖尿病などのいわゆる生活習慣病を予

---

1）保健師助産師看護師法　第1章総則第2条、第29条
2）.松本千晴、荒木紀代子. 保健師活動の歴史的変遷から公衆衛生看護を考える. アドミニス
　トレーション, 第25巻,第2号.

防するための教室、健康に関する知識の普及や教育、住民自身が健康の維持増進をしていく力をつけるための住民組織活動の支援などの保健活動を実施している。

担当する地域については、地域診断を実施し、地域の健康課題を抽出、課題解決のための施策の立案、実施および評価、総合的な健康政策へ関わっている。近年多発している地震、風水害などの自然災害に対する対策や災害時の健康支援も実施している。

また、企業においては、従業員の健康管理（健診、ストレスチェックの実施や、その診断結果の通知や事後措置）、学校においては、児童生徒の健康管理（保健室運営、健診の実施や事後措置、健康教育など）に携わる保健師もいる（P77⑧参照）。

## 保健師と看護師

保健師資格を取得するには、図5-1のように看護系教育機関で学び、看護師国家資格を取得し、保健師国家試験に合格する必要がある。つまり看護師としての知識と技術、保健師としての知識と技術の両方がなければならない。以前は保健師国家資格があれば保健師として従事することが可能だったが、保健師助産師看護師法の改正により、2007年4月以降は看護師免許を取得していないと保健師国家試験に合格しても保健師免許が取得できないこととなった[3]。

---

3）文部科学省HP. 教職員定数の配置について.https://www.mext.go.jp/b_menu/shingi/chousa/shotou/029/shiryo/05070501/s003.pdf（2024年9月現在）

図5-1 保健師になるためには

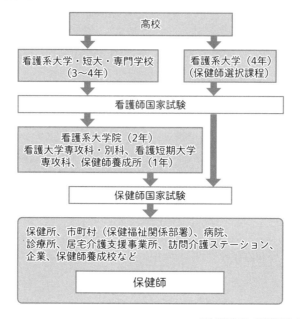

厚生労働省HP．職業情報サイトより抜粋[4]

## 保健師の歴史[2]

　1892年　京都同志社看病婦学校で養成された伝導看護師（キリスト教を伝導する意）による巡回看護が開始された。そして1905年、目の細菌感染症であるトラコーマへの対策として岐阜県の小学校に学校看護婦が配置された。これらが保健師（保健婦）の前身だと言われている（表5-1参照）。

　第2章で述べたが、乳児死亡率が非常に高かった日本において、1926年に小児保健所が設置され、医師、保健婦が配属された。保健婦は妊産婦、乳幼児の環境、栄養改善、保健指導を担い、乳児死亡率の低減に貢献した。1938年以降、国保保健婦、駐在保健婦、開拓保健婦が誕生している。しかし以下に示すように、時代の変遷に沿って今は聞かれない名称となっている。

4）厚生労働省HP．職業情報サイトjobtag．https://shigoto.mhlw.go.jp/User（2024年9月現在）

**表5－1　保健師の歴史**

| | |
|---|---|
| 1892（明治25） | 京都同志社看病婦学校で養成された伝導看護婦による巡回看護を開始 |
| 1905（明治38） | トラコーマ対策として岐阜県の小学校に学校看護婦が配置 |
| 1923（大正12） | 東京市で3か所の児童相談所を開設、常駐の看護婦による地区の訪問指導を実施 |
| 1927（昭和2） | 聖路加国際病院に公衆衛生看護部が発足、乳幼児の健康指導と訪問指導実施 |
| 1928（昭和3） | 日本赤十字支部病院で産科、乳児部門付設の外来看護婦による家庭訪問を開始 |
| 1931（昭和6） | 日本赤十字支部病院は社会事業部を新設、社会看護婦による訪問看護活動開始 |
| | 朝日新聞社会事業団が妊産婦、乳幼児、児童、療養者対象に訪問指導、訪問看護を開始 |
| 1936（昭和11） | 恩賜財団愛育会が5か所の指定村に農村保健婦を駐在、東北生活更新会は、東北の指定村に農村保健婦を常置 |
| 1938（昭和13） | 国保保健婦が活動～1978年 |
| 1940（昭和15） | 保健婦規則公布　疾病予防指導、母子、傷病者の保健衛生指導などの業務を為す者と規定 |
| 1942（昭和17） | 駐在保健婦が活動～1997年 |
| 1947（昭和22） | 開拓保健婦が活動～1970年 |
| 1948（昭和23） | 保健婦助産婦看護婦法制定 |
| 1961（昭和36） | 児童福祉法の改正により保健所で新生児訪問、3歳児健診開始 |
| 1965（昭和40） | 母子保健法制定 |
| 1977（昭和52） | 第一次国民健康づくり対策の一環として市町村保健センターを設置、市町村保健師の拠点に |
| 1978（昭和53） | 国保保健婦が市町村保健師に一元化 |
| 1993（平成5） | 保健師助産師看護師法改正により男性にも保健士として資格が認められた |
| 2002（平成14） | 保健師助産師看護師法改正により男女とも保健師に統一 |

① **国民健康保険保健婦**（1938～1978年）

　農村恐慌や凶作によって深刻な経済状況であった農山漁村の医療費負担の軽減、医療機関の確保を目的として国民健康保険法が交付された。健康の保持増進、疾病予防のための保健施設事業として、病院・診療所の設置、国保保健婦の配置がされた。国保保健婦は病気の早期発見や衛生思想の普及に貢献した。

② **駐在保健婦**（1942～1997年）

　駐在保健婦は、第二次世界大戦後の1948年、連合国最高司令官総司令部（GHQ）の看護指導者のワニタ・ワータワースによって香川県で

はじまった。保健所のない地域にも保健所の機能を公平に行きわたらせるために、保健所の保健師が無医村などに配置され、数年間役場内に駐在した。家庭訪問、健康相談、衛生教育、感染症対応、予防接種などの事業を行った。

③　**開拓保健婦**（1947〜1970年）

　第二次世界大戦後、被戦災者、引揚者、復員軍人の失業対策、食糧確保のために緊急開拓事業が行われた。1947年開拓者の保健衛生、生活改善のために開拓保健婦制度が開始された。開拓保健婦は開拓地の実態を把握し、農民の保健衛生、生活改善に貢献した。

　では実際、上記①〜③のような保健婦がどのような活動をしていたのか、島津多恵子[5]らが実際に従事していた方へインタビューを行い、その活動について分析し表5-2のようにまとめている。

　表5-2を見ると、まずは保健師の居場所を確保し、保健師活動の戦略を立てる。住民の命と生活を守るために検査、健診、支援を行い、生活を守る行動を育てるための保健指導をし、それが継続していくような組織、ネットワークづくりが行われていたことがわかるだろう。

---

5) 嶋津多恵子、蔭山 正子、田口　敦子ら．へき地における戦後から高度経済成長期までの保健師活動—土地の文化に対峙し住民の命と生活を守る．　日本地域看護学会誌，第12巻2号．

表5-2　へき地における戦後から高度経済成長期までの保健師活動を示すカテゴリ[5]

| カテゴリ | サブカテゴリ | 主な小カテゴリ* |
|---|---|---|
| 1 保健師の足場を確保をする | 1) 役場の中に保健師の足場を確保する | 役場の中に保健師の場所をつくることから始める |
| | | 役場の人に保健師の仕事をわかってもらうよう努力する |
| | 2) 保健師を知ってもらうためにあらゆる方法で住民とのつながりをつくる | まず住民に保健師を知ってもらうためにひたすら地域を回る |
| | | 住民とのつながりをつくるために、集落に出向いて積極的に住民と話す |
| | | へき地ならではの交通手段を活用しながら、住民とのつながりをつくる |
| 2 保健師活動の戦略を立てる | 1) 住民の暮らしの実態や土地の文化から地域の健康課題を把握する | 情報がないなかで、生活の気配や集めた情報をたよりに要支援者を見つけ出す |
| | | 地域に住み込んで生活することで、住民にしかわからない生活を把握する |
| | | 地域の特徴的な生活や文化を考慮し、住民の保健行動を捉える |
| | 2) へき地にこそ求められる保健師の役割や活動を見出す | その地域の重大な健康課題を優先して保健活動を組み立てる |
| | | 地域に即した方法を、住民と相談しながら考える |
| | | 土地の慣習に合わせて住民が受け入れやすい方法をとる |
| 3 まずは住民の命と生活を守る | 1) へき地に不足している医療や交通手段を補完する | 交通手段のない集落にも入り込んで検査や健診を行う |
| | | 医療のアクセスが悪いため医療を補う役割を担う |
| | 2) へき地の限られた職種と協力して命や生活を守る | 医療のアクセスが悪いため医師と協力して医療活動を行う |
| | | 生活そのものを支援するために福祉職員と一緒に活動する |
| | | 住民の情報をもっている住民と組んで、個別支援を行う |
| | 3) ハイリスクケースをへき地の不利益を被る象徴として捉え守る | 事業や住民の情報からハイリスクケースを逃さず把握する |
| | | 多問題家族の生活を守るために、家族全体を支援する |
| 4 住民の命と生活を守る行動を育てる | 1) 土地の文化を尊重しつつ、住民の工夫を活かして保健指導を行う | 地域に伝わる生活文化を尊重しながら基本的な保健指導を重ねる |
| | | 地域の住民が工夫しているケア方法を学び、保健師の専門性を加えて広める |
| | | 健康教育や健診を受けてもらうために集落を回る |
| | 2) 住民や協力者とのつながりを活かしながら土地の文化に働きかける | 広報手段のない時代に、住民同士の口コミを利用する |
| | | 情報が行き届かないところで基本的なことから教育する |
| | | その地域に特徴的な地区組織を生かして健康教育や保健活動の周知を行う |
| 5 住民の命と生活を守る行動を根づかせる | 1) 住民が健康を守ることができるよう組織をつくり、ネットワーク化する | 世間体を気にするへき地だからこそ集まって活動する場をつくる |
| | | 住民自らが健康を守れる組織づくりへと発展しやすい仕かけをする |
| | | 保健師が住民組織から要支援者の情報を得られるようにネットワーク化する |
| | 2) 予防活動の施策化・事業化を行い、土地の文化に働きかけ形に残す | へき地の健康課題を知りながら、新たな事業やシステムを生み出す |
| | | キーパーソンに働きかけ事業化に向けて戦略的に動く |
| | 3) 保健師自身とへき地の専門職を育てる | 保健師間の支えあいや勉強会で保健活動の質を確保する |
| | | 住民に近い町村の保健師を育てるために巻き込んで活動する |

第5章　保健師の役割　75

## 現代の保健師の活動の場

　保健師はどのような場所で活動しているのだろうか。3年ごとに行われている保健師活動領域調査の令和5年度領域調査データ[6]によると、常勤保健師数の合計は前年度より525人増加の38,528人おり、このうち都道府県の保健師は5,795人（全国総数の15.0%）、そのうち保健所に所属する保健師は4,222人と多くを占めている。市区町村の保健師は32,733人（全国総数の85.0%）となっており、そのうち11,640人が市町村保健センターに所属している。

　以下、保健師の従事する場所[7]について説明する。

### ①　市町村保健センター

　特別区や市町村が設置する行政機関。乳幼児や妊婦、成人、高齢者、障がい者を含め、すべての年代における、幅広い健康レベルの地域住民を対象とし、住民に身近で地域に根ざした保健・福祉の総合的な相談や地域づくりを担っている。新生児訪問、乳幼児健診、子育て支援、生活習慣病予防、高齢者の生きがいづくり、介護事業等、市民向けのさまざまな健康づくり事業があり、これらを通して個性豊かな地域づくりに取り組んでいる。

### ②　保健所

　都道府県・特別区・指定都市・中核市・政令市が設置する行政機関。保健師は、公衆衛生の専門家の行政職員として従事している。難病や結核等の疾患を持つ方、精神障がい者への相談・支援、市町村保健師と連携して当該地域全体の健康問題の把握・調査を行い、地域のケアシステムを構築し、対策を講じる。管理する都道府県等の自治体の健康課題に関わる施策の運営や管理等に携わるなど、広域的で専門性の高い業務を行う。

---

6）健康・生活衛生局健康課保健指導室. 保健師活動領域調査 / 令和5年度 領域調査　結果の概要.
https://www.mhlw.go.jp/toukei/saikin/hw/hoken/katsudou/09/dl/ryouikichousa_r05_1.pdf

7）全国保健師教育機関協議会HP. 保健師を目指す方へ.https://www.zenhokyo.jp/foryou/katsudou.shtml（2024年9月閲覧）.

### ③　企業、事業所

　産業の場の保健師は、産業医や衛生管理者等とチームを組み、企業で働く労働者、雇用者の健康管理・増進に従事しており、働く人びとの健康管理、職場の環境管理、労作時の作業管理等の視点から支援をしている。高度経済成長期には労働災害、事故予防等に重点が置かれていたが、近年、国内では生活習慣病の予防、不況や雇用形態の変化の影響により生じるうつ病等のメンタルヘルスへの関わりや、海外出張における感染症への対策も重要となっている。

### ④　地域包括支援センター

　地域で暮らす高齢者や障がい者等の健康や生活の支援を中心に、地域の保健医療福祉の向上を包括的に行う中核機関。高齢者の介護予防を中心としたケアマネジメント、高齢者や障がい者の権利擁護事業を担うほか、市町村保健センター等と連携し、当該地域における包括的な地域ケアシステムの構築やそれらに関わる事業などを担当している。地域包括ケアシステムでは、地域の多様な保健・医療・福祉機関間相互の連携やネットワークを強化することが重要とされており、保健師はその橋渡し役やコーディネーター役を担っている。

### ⑤　病院などの医療機関

　地域医療連携室、保健指導室、退院支援部署等で従事している。地域医療連携室等の保健師は、院内外の関係機関との間で対象者の支援の方針や方策の検討・調整、患者や家族への相談や指導等を求められる。また保健指導室等の保健師は、生活習慣病等をはじめとする各種健診やその後の対象者の保健指導・健康教育のほか、職員の健康支援等を担っている。退院支援部署等の保健師は、在宅療養者とその家族が退院後も安心して療養生活を継続できるよう、行政や訪問看護ステーション等との調整・相談などの支援を実施している。

### ⑥　老人保健施設、老人福祉施設

　社会福祉協議会や老人福祉センター、老人保健施設等において、高齢者の健康増進活動や総合相談等のほか、高齢者の家族等の支援も実施

している。

### ⑦　保育園、子育て支援施設

　保育所や障がい者・児の入所・通所施設等があり、保健師は保育士や他の職員等と協力して子どもの健康管理や環境管理等を実施している。

### ⑧　学校

　保健師資格を持つ場合、一定の条件を満たすと（日本国憲法、情報機器操作などの科目履修）申請により養護教諭二種免許を取得できる。養護教諭として公立の学校で働く場合は、一般の教諭と同様に教員採用試験に合格する必要がある。

### ⑨　児童相談所

　近年では、児童相談所にも保健師の配属が増えており、保健師は虐待によるPTSDや障がいのある子どものケアや関係機関への情報提供や連絡調整等を担っている。

## 保健師に求められるもの

　保健指導を業としているといっても、住民や児童生徒、従業員などに対して一方的に指導することはしない。みなさんが保健指導を受ける場面を考えていただきたい。上から目線で「○○しなさい」「そのやり方はダメですよ」といった指導を受けた場合に、素直に受け入れられるだろうか？　このような指導のしかたは、多くの住民が知識を持っておらず、衛生環境や健康状態の改善のために必要な知識を伝えながら指導する時代には効果があった。これは、KAPモデル（Knowledge＝知識、Attitude＝態度、Practice＝実践）と呼ばれ、基本的な行動変容モデルで知識を得られることで態度が変容し、健康のための行動を実践できるという考え方である。対象がその行動についてどれだけ関心を抱き行動変

容しようとしているのかを把握し（トランスセオレティカル・モデル）、その行動を取ることにより起こるメリット・デメリットの認識を促し（健康信念モデル）、自己効力感をあげて行動、維持、継続につなげていくというように、理論に基づいた保健指導の実施が求められる。もちろん医学的根拠、科学的根拠に基づくものでなければならない。

　少子高齢化が進み、育児の孤立化や、子ども虐待のリスクが高まっている現在、保健師には、不安やストレスを抱えながら育児に向かっている親子への支援、生活習慣の行動変容が必要な人への支援、疾患や障害をもつ人への支援、介護予防のための体操教室への支援を、伴走者の姿勢で携わることが望まれる。そのためには、困ったときに「助けてほしい」と言ってもらえる存在である必要がある。

　そして、保健師の携わる範囲は非常に幅広く、さまざまな制度を理解し、その利用につなげていくためには常に情報を更新していくこと、必要な事業やサービスを創出していく力も必要といえるだろう。


＜参考文献＞
・福田吉治、戸ヶ里泰典、助友裕子. 研究・実践に役立つ健康行動学理論. 日本健康教育学会,

第 **6** 章

# 医療ソーシャルワーカー
# の役割

病気や怪我は、患者本人だけでなく、その
家族やその方々の生活にも大きな影響を与
えます。医療ソーシャルワーカー（MSW）
は、患者や家族が直面する心理的・社会
的・経済的な課題を支援し、安心して治療
を受けられる環境を整える専門職です。
本章では、医療ソーシャルワーカーの具体
的な役割や支援の方法、医療チームや地域
との連携について、筆者の経験を踏まえな
がら、詳しく解説していきます。

# 療養中の心理・社会的問題の解決、調整援助

## 傾聴や制度説明

　みなさんは、医療ソーシャルワーカー（MSW：medical social worker）という職業を聞いたことがあるだろうか。社会福祉士や精神保健福祉士という国家資格を持つ専門職が、病院や施設等でさまざまな相談援助を行う職業である。ここでは、医療ソーシャルワーカーにおける役割・機能等を説明していく。

　厚生労働省健康局長通知「医療ソーシャルワーカー業務指針」においては、以下の業務内容が述べられている。それによると、「入院、入院外を問わず、生活と傷病の状況から生ずる心理的・社会的問題の予防や早期の対応を行うため、社会福祉の専門的知識および技術に基づき、これらの諸問題を予測し、患者やその家族からの相談に応じ、次のような解決、調整に必要な援助を行う」。[1]

　患者や家族は病院を受診することに不安を感じるはずだ。彼らの話をじっくり聴き、どのようなことに不安を感じ、どうすれば解決できるのかを一緒に考えて提案することが重要である。

　例えば、急性期病院から療養病院に転院する際は、病院の機能がそれぞれ違うことなどを説明し、入院継続を希望される場合は、別な機能の病院に転院する必要性をアドバイスする。その際は、転院先の病院の情報収集をし、その患者や家族が希望する病院なのかどうかを検討し、患者や家族の希望や気持ちをできる限り聴き取る。

　また、在宅医療を希望される場合は、患者や家族がどのようなことに対して不安を抱えているかを第一に確認する。「本当に自宅で療養できるのだろうか」という不安を抱えている方が多いため、さまざまなサービスを使うことで負担を軽減できることなどを伝える。そして、在宅医療に切り替える際に、医療機関が変わる場合は、訪問医療等を行っている別な医療機関を探し、情報共有なども行う。介護サービスを利用する場合は、介護支援専門員等在宅サービス担当者などの情報提供も

---

1）厚生労働省健康局長通知　医療ソーシャルワーカー業務指針

一緒に行う。なお、情報提供を行う際は、必ず患者・家族の了承を得ることになる。

## 経済的な問題

### ①　生活を支える

　病状によっては、病気療養のため「家事」が難しくなる方、現役世代の方は仕事を休む必要も出てくる。子育て世代の方は、育児も行わなければならない。「病気」という不安を抱え、さらなる悩みが多くなると考えられるが、その他のことで不安が膨らまないように、できるだけ利用可能な社会資源の活用を検討していく。

　特に、患者や家族にとって「医療費」はネックになることが多い。手術等で入院し、医療費が高額になる場合は、高額療養費制度や他の社会保障制度を利用できる場合には、その説明を行う。その他病気等により、申請できる制度は利用するが、それでも難しい場合は、本人の考えや家族の状況等も確認し、生活保護の申請を検討する。

　例えば、高齢者の方が在宅で療養する場合、食事、入浴、洗濯、調理などの不安を解消するために、介護保険サービスを提案する。高齢独居世帯や高齢世帯夫婦など、家事ができなくなることが増えるため、介護保険制度の必要性などを説明し、どのサービスが必要かを一緒に考える。

　独居高齢世帯の方が「食事」に困っている場合、訪問介護員が訪問し、調理をすれば食べられるのか、配食サービスが必要なのか、一人で食べることが難しいようであれば、デイサービス・デイケアなどを検討するなど、さまざまなサービスを検討する余地がある。患者や家族にとって、どのサービスが最善なのか、どうすればQOL（quality of life）が保たれるのかなど、さまざまな状況から判断して提案する。

### ②　高額療養費制度

　現役世代の方が、病気療養のために休職しなければならなくなった場合は、**傷病手当金**や**障害年金**などを提案する。医療費の負担や給与の心配など、現役世代の方は「お金」に係る心配をする方が多い。特に、病院の医療費の制度には「高額療養費制度」の活用をアドバイスする。

繰り返しになるが、高額療養費制度とは、同一月（1日から月末まで）にかかった医療費の自己負担額が高額になった場合、一定の金額（自己負担限度額）を超えた分が、後で払い戻される制度のことで、月をまたいだ場合は、月ごとにそれぞれ自己負担額を計算する仕組みだ。しかし、後から払い戻されるとはいえ、一時的にでも高額な支払いは大きな負担になる。

　そこで限度額認定制度を使うと、最初から医療機関窓口での1か月の支払いが「自己負担限度額までで良い」という制度のため、窓口で支払う負担が軽減する。年齢や所得によって異なるが、限度額は2025年1月現在では、おおよそ5段階に分かれている[2]。

### ③　傷病手当

　傷病手当金は、協会けんぽなどに加入している方が、病気休業中に被保険者とその家族の生活を保障するために設けられた制度で、病気やケガのために会社を休み、事業主から十分な報酬が受けられない場合に支給される。

　病気やケガで休んだ期間のうち、最初の3日を除き（この期間を「待期」という）4日目から支給される。支給期間は、支給を開始した日から通算して1年6か月だ。

　支給される金額は、

| 1日あたりの金額 | 支給開始日（※）以前の継続した12カ月間の各月の標準月額を平均した額<br>※支給開始日とは、一番最初に給付が支給される日のことです | $\div 30$日$\times \dfrac{2}{3}$ |
|---|---|---|

なお、給与の支払いがあった場合などは支給額が調整される。[3]

### ④　障害年金

　障害年金は、病気やケガによって生活や仕事などが制限されるようになった場合に、現役世代の方も含めて受け取ることができる年金である。

---

2）全国健康保険協会「高額療養費について」
　https://www.kyoukaikenpo.or.jp/g3/sb3020/r151/
3.全国健康保険協会「傷病手当金について」
　https://www.kyoukaikenpo.or.jp/g6/cat620/r307/

これらには**障害基礎年金**、**障害厚生年金**があり、病気やケガではじめて医師の診断を受けた時に、国民年金に加入していた場合は「障害基礎年金」、厚生年金に加入していた場合は「障害厚生年金」が請求できる。

　なお、障害厚生年金に該当する状態よりも軽い障害が残った場合は、障害手当金（一時金）を受け取ることができる制度がある。障害年金を受け取るには、年金納付状況の条件などがある[4]。

## 制度を活用したサービスの活用

　介護支援専門員をはじめとして、さまざまな在宅ケア諸サービス担当者との連携が必要となる。ケアカンファレンス等を開き、課題解決のために、どのようなサービスをどの程度必要としているかアセスメントし、モニタリングなどを繰り返していく。なおその場合も、ご本人や家族が安心できるような介入が必要となる。

# 退院支援

## 急性期病院を中心に

　急性期病院に勤務している医療ソーシャルワーカーが、一番携わる業務と言っても過言ではないのが、「退院支援」である。筆者も医療ソーシャルワーカーとして一番携わった業務である。

　入院し、検査、治療、手術などを行うと、特に、高齢者であれば、入院前と比べて、体調やADL（Activities of Daily Livingの略、日常生活動作）などが入院前より悪くなるケースがある。例えば、認知症の症状が少し出てくる、歩行できていた人が体力低下に伴い一人では歩けなくなった、などだ。

　その場合、一人暮らしだった方は、一人暮らしを継続できないケース

---

4）日本年金機構「障害年金について」
https://www.nenkin.go.jp/service/jukyu/shougainenkin/index.html

| 第6章　医療ソーシャルワーカーの役割　　85

や家族と暮らしていても「入浴」など家族だけではケアできないケースも出てくる。その時に、在宅に帰る場合は、介護保険制度を申請し、サービスを利用できるように患者や家族を中心に「どのようなサービスを必要としているか」を医療ソーシャルワーカー、病院の専門スタッフ、介護支援専門員、在宅諸サービススタッフとカンファレンスを行い、どのようなサービスをどのくらい利用すれば在宅での生活が可能かを検討する必要がある。

その際、ファシリテーターとしての役割も医療ソーシャルワーカーには求められる。

## 介護保険等の社会資源

介護保険制度の利用が予想される場合、制度の説明を行い、その利用の支援を行う。介護支援専門員などとの連携も必要となる。

特に、高齢者の場合、入院前は、独居、もしくは家族だけで生活できていたというケースが多い。介護保険は申請日から利用することは可能だが、介護度認定結果が出るまでに1か月程度かかる可能性がある。そのため、退院後、「介護保険サービス」が必要と想定できる場合は、患者本人や家族と話し合い、介護保険制度や利用できるサービスについて説明し、申請を進めておく。

入院中に訪問調査が来る場合は、医師・病棟看護師、理学療法士などの専門スタッフとも連携して、必要な介護サービスを事前に検討し、さらに本人・家族の了解を得た上で、訪問調査時に同席し、訪問調査員に情報提供を行う。医師には、主治医意見書を詳しく記載するよう依頼する。

## 退院先の選定

急性期病院では、長い期間の入院はできないため、治療が終了した場合は、患者の病状やADL等により、在宅への退院が難しい場合は、回復期リハビリテーション病棟や療養病棟がある病院への転院、もしくは介護保険を利用する施設への入所を検討する必要がある。

患者の病状等により、転院できる病院や入所できる介護施設も異なる。例えば、血液透析をしている患者の退院先を探す場合は、「外来透析患者」を受け入れている病院を探す必要があり、また、透析患者が施設入所する際は、特別養護老人ホームなどは入所できない可能性もあるため、医療ソーシャルワーカーがしっかり病状等を調べる必要がある。

医療ソーシャルワーカーがしっかり情報収集をしていないと、転院（転所）先で「このような状況は聞いていなかった。受け入れは難しい」と言われる可能性もあり、元の病院に戻ってくることもあり得る。医療ソーシャルワーカーが医師・看護師・理学療法士などの専門スタッフから確実な情報を集め、本人・家族同意の上、先方に病状等を正しく伝えることが重要である。

また、元々通いなれた病院から、違う病院に転院する場合などは不安が多いため、安心して転院できるよう、患者や家族の話をじっくり傾聴する。そして退院後、在宅での生活に不安がある場合も、どのようなことに不安を感じているのかを時間をかけて傾聴する。


## 住居問題解決の援助

築年数が経過している古い住宅の場合、家に高い段差があったり、手すりがついていないなど、バリアフリー設計されていない住居が多い。高齢者は低い段差でも転倒する可能性もあるため、介護保険制度を利用して住宅改修ができることを、患者や家族へ説明する。

患者や家族が希望する場合は、介護支援専門員を通して、住宅改修を行っている業者を紹介し、少しでも暮らしやすい状況を提案することが重要である。場合によっては、患者の自宅を専門家とともに見に行き、改修等が必要な場所を具体的に検討する必要がある。


## 社会復帰援助

病気療養のために、休職・休学した場合、職場や学校への復帰に関して不安な場合も多い。何に不安を感じているか、ていねいに傾聴し、必

第6章　医療ソーシャルワーカーの役割

要があれば本人の了解のもと、職場・学校とも調整を行う。利用できるようであれば、社会資源等も活用していく。

## 受診拒否等について

例えば、人工透析をされている方が、「人工透析をもうやめたい」と言った時、その理由を専門スタッフと一緒に患者本人に聴き、問題解決のための援助をする。例えば、透析に週3回通うために使う介護タクシー代が金銭的に厳しくなっている場合もあれば、透析後自宅に戻ってから体調が毎回悪くなるのでやめたい、といった理由が考えられる。「やめたい」とう言葉の内側には、どのような問題があるのか、本人の気持ちに寄り添って話を聴くことがとても重要である。

## 心理的不安の解決援助

病気を告知された場合など、突然のことで患者・家族は冷静でいられないことも多々ある。医師や専門スタッフとも情報共有し、どうしたら不安を解消できるか検討する。セカンドオピニオンを提案できる場合などは、情報を収集して提案する。少しでも患者や家族の心理的不安が軽減するよう、寄り添って対応する。

## 入退院調整会議

回復期リハビリテーション病棟や療養病棟など、長期療養が必要な病院の場合、「入退院調整会議」などを行っている病院が多い。入院・転院を希望される患者情報を先方から収集し、会議の際に伝える。

病状や身体・経済状況によっては、受け入れが難しい患者もいるため、事前の情報収集は大変重要である。退院の際も会議で決まることもある。

# 院内連携

## 患者会等の支援

　医療ソーシャルワーカーは、患者や家族の「相談」を聴く機会が多い職種であるため、相談内容について、医師や看護師等と共有することが大変重要である。

　小さな事柄でも、のちに大きな事柄に発展することもあるため、逐一報告・連絡・相談することが大切だ。また、病状や治療方針等の専門的なことを質問された場合に患者や家族に誤ったことを伝えることがないよう、医療ソーシャルワーカー自身の知識だけを答えるのではなく、医師や看護師に確認をし、返答することが重要になる。

　特に、患者会なども医療ソーシャルワーカーが企画・運営する場合があるため、その際の患者会育成と支援も行う。

## 地域活動

　患者のニーズに合致したサービスが地域において提供されるよう、関係機関、関係職種等と連携し、地域の保健医療福祉システムづくりに次のような参画を行う。[1]

> ・他の保健医療機関、保健所、市町村等と連携して地域の患者会、家族会、地域ボランティアを育成支援する
> ・関係機関、関係職種等と連携し、地域ケアカンファレンスや勉強会等を通じて地域ケアシステムづくりへ参画していく

## 個別援助に係る業務の具体的展開

　患者や家族との個別援助では、まず患者、家族、医療スタッフ等から相談依頼（例えば、転院、退院、金銭的な相談、介護保険制度の申請など）を受理する。

　医療スタッフからの相談依頼であれば、その患者や家族について病状やADL（日常生活動作）、認知症の症状や家族関係、経済的な情報共有の

上、その患者について、どのような点で支援する必要があるのか確認していく。事前に医療スタッフから情報を得ていないと、患者や家族に不安感を与えてしまう。事前に情報を得ていれば、必要な支援や援助を、先に検討することが可能だ。

　個別援助では、面接が重視される。そのためには、はじめに「ラポール形成」（互いに信頼できる打ち解けた関係性を築くこと）が重要である。患者や家族の言葉だけではなく、表情やしぐさなどから気持ちを読み取り、「傾聴」し「受容」することが大変重要である。ラポール形成ができたら、具体的な問題を把握し、課題を整理・検討する。患者や家族から聴いた内容をもとに、医療スタッフからの情報も加え、整理・分析し、課題を明確にする。

　面談の場で解決できる内容であれば、解決に向けて患者や家族と話し合い、クロージングするが、医療ソーシャルワーカーの面接の場では、その場で解決しないケースも多々あるため、相談内容を医療スタッフやその他関連すべきスタッフと共有し、今後について検討することを伝える。課題が複数ある場合には、優先順位をつけ、援助を行う（例えば、在宅への退院に向けて介護サービスの支援が必要な場合、その患者がまだ介護保険認定を受けていないようであれば、介護保険の申請が第一優先順位になる）。

　どのような制度やサービスが利用できるか、社会資源について情報収集をし、また必要があれば再度面接やカンファレンスを行うなど、連絡調整を密に行う。

　課題解決につながるようであれば、患者・家族と合意の上で、終結の段階に入る。モニタリングの結果によっては、問題解決により適した援助の方法へ変更するなど、臨機応変な対応も必要である。


## プライバシー保護

　医療ソーシャルワーカーは、患者や家族に代行申請の援助もできるが、すべて医療ソーシャルワーカー側で行うのではなく、あくまでも患者や家族に主体性を持ってもらうことが重要である。

　医療ソーシャルワーカーは、業務上、患者や家族の情報（病気、ADL、家族状況、経済的状況等）を幅広く知ることができる。プライバシー保護の

観点で、個人情報が漏れないよう十分気をつけなければならない。また、援助のために患者情報を転院先の医療機関や介護支援専門員等に共有しなければならない場面が多いため、本人や家族に必ず情報提供の必要性を説明し、了承を得ることは必須である。

面接や電話は、独立した相談室で行うなど第三者に内容が聞こえないようにする。記録等は、個人情報を第三者が了承なく入手できないように保管する。特に、第三者との連絡調整を行うために本人の状況を説明する場合も含め、本人の了承なしに個人情報を漏らさないことが重要だ。

なお、第三者から情報の収集自体がその第三者に個人情報を把握させてしまうこともあるので、十分留意しなければならない。

そして、患者から要求があった場合には、できる限り患者自身の情報について説明する。ただし、医療に関する情報については、説明の可否を含め、医師の指示を受ける必要がある（状況によっては医師から説明してもらう）。

## その他、地域関係機関等との連携

医療ソーシャルワーカーは、業務上、院内外関係者との連携は大変重要な業務である。普段から、病棟カンファレンスやその他院内スタッフカンファレンスに参加し、患者の病状等を把握し、支援が必要になりそうな患者の情報を得ておく。急性期病院は特に退院までの入院期間が限られることが多いため、迅速に対応できるようにスタッフ間のコミュニケーションは大変重要である。

時には医師のインフォームドコンセントに患者の了承を得て同席することや、医師や看護師、理学療法士等の専門スタッフと一緒に方向性を検討することもある。金銭的な課題については、医事課スタッフと相談して検討することもある。

院外の関係者とも地域の勉強会等でコミュニケーションを取っておくことが重要だ。すでに担当介護支援専門員がいる人が入院した場合は、退院後スムーズに介護サービスを再開できるよう、患者本人の了解を得た上で、おおよその入院期間を伝えておく。

第6章　医療ソーシャルワーカーの役割

### 記録の作成等

　患者ごとにケース記録を作成する。どのような問題点があるのかを明確にする必要があるからだ。支援の種類やサービスの内容、介護支援専門員が誰かなどを記録しておくとよい。

　記録をもとに医師や看護師への報告、連絡を行うとともに、必要に応じて、在宅ケア、社会復帰の支援のため、地域の関係機関、関係職種等への情報提供を行う。この場合も、プライバシー保護には十分留意する。

## 求められる役割と機能

　ここまで、筆者の病院での経験を中心に、医療ソーシャルワーカーのさまざまな役割を見てきた。施設等のソーシャルワーカーも同様な役割があると考える。筆者自身、患者本人や家族の気持ちに寄り添うことを常に念頭に置き、相談援助業務を行っていた。もちろん、病状等によっては、患者や家族の希望通りには進められないこともあるため、話をよく聴き、可能な限り希望に添えるよう、努力をする。

　そして、医療ソーシャルワーカーは、一人では何もできない仕事だと考えている。医師、看護師、理学療法士等専門スタッフや医事課スタッフなど、病院のチームの一員として働くことが重要であるため、カンファレンスには積極的に参加すべきだろう。また、介護支援専門員等の地域との連携も非常に重要であるため、地域の勉強会等に参加し、“顔の見える”つながりを作っておくと、いざという時に役立つことが多い。

　医療ソーシャルワーカーは、社会資源等のさまざまな知識をもとに多職種の人と連携し、患者や家族に寄り添いながら働くことが、大変重要な役割と考える。

# 第 7 章

# 助産師の役割

本章では、助産師の役割と資格制度や歴史について概括し、出産や子育て環境など、助産師を取り巻く社会状況の変化について解説します。その上で、助産師に求められている支援や多様な対象者にケアを提供するための課題、および妊娠から子育て期における医療・保健・福祉の連携の制度としくみを紹介し、今後の展望を考えてみましょう。

# 助産師について

## 助産師とは

　助産師とは、厚生労働大臣の免許を受けて、出産の介助、妊婦や褥婦（出産を終えた女性）、新生児へのケア、保健指導など、女性の一生の性と生殖に関わる専門職である。

　助産師として働くためには、「看護師資格」と「助産師資格」が必要である。いずれも国家資格であり、大学院・大学・短大・専門学校・養成所を卒業したうえで、「国家資格試験」に合格する必要がある。なお、わが国では、**保健師助産師看護師法**により助産師の受験資格は女子のみに与えられているため、助産師は女性のみがなれる専門職である。

　助産師は、妊娠や出産の正常性と健康のための可能性に焦点をあてていく。そして、女性やその家族に対する全人的ケア（身体的、精神的、社会的、霊的な側面）から、対象者のニーズに対応していく責務がある。

## 助産師の就業先

　わが国の就業助産師は、2022年（令和4年）時点で3万8,063人である。なお、就業看護師は131万1,687人（男：11万2,164人、女：119万9,523人）である（大臣官房統計情報部調べ）。

　大多数の助産師は、医療施設に勤務している。一方、助産師は、医師や歯科医師と同じく「開業権」が認められているため、地域で「助産所」を開業し、出張助産師としてフリーで活躍するなどの働き方もある。

## 助産師の歴史

　女性の出産を介助する行為は、人類の長い歴史の中で存在していた。その行為を担う役割は、子どもを取り上げたことがある地域の年配の女性が多かった。そして、その経験や知識は継承されてきた。つまり、女性の出産および介助は、地域内で生活の一端として行われてきたといえる。

助産師の職業としての確立は江戸時代からであり、「産婆」[1]という名称が用いられていた。その後、1874年（明治7年）に発布された医制において、医師とともに独立した職業として産婆という名称が記載されている。さらに、免状制度の導入がなされ、産婆は職業としての地位が明確化されはじめる。

　1948年（昭和23年）に「保健婦助産婦看護婦法（保助看法）」が制定された。この法律によって、それまでの「産婆」が「助産婦」に改称され、2002年（平成14年）に保健婦助産婦看護婦法は「保健師助産師看護師法」と改正される。この改正に伴い、「助産婦」という名称は**助産師**と改められた。

# 助産師を取り巻く社会情勢

## 出産環境

　出産の場は、1950年時点で病院・診療所が4.0％だったのに対し、自宅が95.4％を占めていた。その後GHQ（連合国軍最高司令官総指令部）による医療制度の改革により、1960年を境に出産の場は、自宅中心から病院などの医療施設中心へと変化し、1990年には病院・診療所が99.9％を占めるようになった。なお、現在もその傾向は続いている。そして、この出産の場の変化は、助産師の活動のあり方に大きな影響をもたらしてきた。また、出産への産科医師の介入や、出産に際して必要な薬品や機器などの医療的処置の導入など、出産の「医療化」の流れもあった。

　わが国の就業助産師のうち86.3％が医療施設（病院・診療所）に勤務している（2022年時点，大臣官房統計情報部調べ）。その医療施設内では、2004年頃より、産科医師不足の表面化、産科病棟の混合化、産科病棟の閉鎖、産科医院の閉鎖、出産の集約化などが進行している。

　従来、助産師は、ローリスクな妊婦・産婦・褥婦、新生児を主な対象

---

1)「産婆」という名称は、1947（昭和22）年の産婆規則の改正まで使用されていた。しかし、産婆という名称が唯一のものではなく、地域により、収生婆、座婆、婆子、接生婆、生婆、穏婆、看婆など、さまざまな名称が用いられていた。

| 第7章 | 助産師の役割

としていた。しかし、産科医師の不足等に加えて、ハイリスクな妊婦・産婦・褥婦、新生児の増加に伴い、現在はそうした対象者に対しても、医師と協働して母子の安全・安心を守ることが求められるようになっている。

## 晩婚化と高齢出産

　現在、わが国では少子化が進んでいる。少子化の要因としては、①婚姻年齢の上昇（晩婚化）、②非婚化傾向の増加、③夫婦の出生力[2]の低下が指摘されている。このうち、①婚姻年齢の上昇と③夫婦の出生力は、関係性があるといえる。それは、結婚後に出産をすることが多いわが国は、結婚年齢の上昇に伴い、出産年齢が高くなり、夫婦の妊孕率（にんようりょく：女性が子どもを妊娠し、健康的に出産することができる能力）が低下するという現象が起こりうるためである。

## 子育て環境

　わが国の子どもを産み育てる環境は、少子化や核家族化等により変化している。そのため、女性は身近な生活の中で、子どもと触れ合う機会が乏しい状態で子育てをせざるをえない。また、都市化や地域コミュニティの疎遠化等により、生活の場である地域社会は、互助機能で子どもを産み育てることが希薄化している。加えて、わが国の子育てにおいては、「親の責任」として求められる側面が多い。これらは、子どもを産み育てる環境の孤立や育てにくさを生み出している。
　産前・産後の女性は、身体的変化とともに内分泌環境の変化により精神的に不安定となりやすい。そうした女性にとって、家族等の身近な人の助けが十分に得られない状況は、女性にとって不安や孤立感を抱かせ、子育てにおいて、うつ状態で育児を行う原因にもなる。また、産前・産後の女性の育児不安やうつ状態は、子どもへの虐待の誘因といわれている。

---

2) 出生力とは、人口において出生という事象が起こる頻度や傾向を数量的に水準として表したもの。

# 助産師に求められている支援

　先述したように、現在、助産師はローリスクのみならず、ハイリスクな妊婦・産婦・褥婦、新生児に対しても、支援することが求められている。ここでは、他職種との連携が特に必要となるハイリスクな妊婦および褥婦への支援について述べていく。

## ハイリスク妊婦への支援

　高齢妊娠や不妊治療後に妊娠した妊婦が増えている。それらの影響は下述のとおりである。

### 高齢妊娠

　35歳以上の妊娠では、児の染色体異常、流産、母体の糖代謝異常などの母体合併症等の母子が異常になるリスクが高い。また、妊娠継続に関連した不安や妊婦の親が高齢のため、子育てのサポートが得られにくい状況や、ダブルケア[3]となることがある。

### 不妊治療後の妊娠

　不妊治療[4]後の妊娠は、母体の妊娠高血圧症候群や胎盤関連の異常、早産、低出生体重児の危険性が上昇する。また、不妊治療後の女性は、妊娠の継続や出産への不安を感じやすく、子育て期における母親役割のイメージが抱きにくい傾向がある。

　こうした身体面の正常を逸脱しやすい対象者に対して、助産師は、医師と連携をしながら、医療的な側面からの身体的なケアをしていく。そ

---

3）ダブルケアとは、子育てと親や親族の介護が同時期に発生する状態をいう。
4）不妊とは、妊娠を望む健康な男女が避妊をしないで性交をしているにもかかわらず、1年以上妊娠しないことをいう（WHO，日本産科婦人科学会）。不妊治療とは、排卵と受精を補助する治療である。2022年（令和4年）から、人工授精等の「一般不妊治療」、体外受精・顕微授精等の「生殖補助医療」については、保険適用されている。2022年の体外受精児は生まれてきた新生児の「9人に1人」に相当する（日本産婦人科学会調べ）。

の際、助産師は、妊婦自身の日常生活におけるセルフケアの強化や状態の予測を行っていく必要がある。さらに、出産後の子育てを見据えて、地域における社会資源についての情報やサポート不足がないかをアセスメントし、支援につなげていく。

新生児に医療的なケアが必要な（または、必要と予測される）場合は、退院後の育児支援のあり方について、母子の入院中から新生児集中治療室（NICU）スタッフや医療ソーシャルワーカー（MSW）などとともに自治体との連携を図っていく必要がある。

## 社会的ハイリスク妊婦

社会的ハイリスク妊婦とは、「さまざまな要因により、今後の子育てが困難であろうと思われる妊娠」[5]である。具体的には、計画していない妊娠、妊婦自身の被虐待歴や成育歴、経済的困窮などが要因としてあげられる。この中には、児童福祉法で定義される「特定妊婦」が含まれる。

特定妊婦が規定された背景には子どもの虐待がある。子どもの虐待において、心中以外の虐待死をした子どもの年齢は「0歳」がもっとも多く、主たる加害者は実母がもっとも多い。こうした中、世間で子ども虐待が事件としてクローズアップされるようになる。そして、児童福祉法（2009年改正）において、出産後の養育について出産前において支援を行うことが特に必要と認められる妊婦を「特定妊婦」と規定した（第6条の3第5項）。

特定妊婦の指標には、①すでに養育の問題がある妊婦、②支援者がいない妊婦、③妊娠の自覚がない・知識がない妊婦、出産の準備をしていない妊婦、④望まない妊娠[6]をした妊婦、⑤若年妊婦、⑥こころの問題がある妊婦、知的な課題がある妊婦、アルコール依存、薬物依存など、⑦経済的に困窮している妊婦、⑧妊娠届の未提出、母子健康手帳未交付、妊婦健康診査未受診または受診回数の少ない妊婦がある。この規定に

---

5) 光田信明（2021）．令和2（2020）年度厚生労働科学研究費補助金疾病・障害対策研究分野成育疾患克服等次世代育成基盤研究．社会的ハイリスク妊婦の把握と切れ目のない支援のための保健・医療連携システム構築に関する研究（https://mhlw-grants.niph.go.jp/project/146175 2024.8.16現在）

6. 現在は「望まない妊娠」ではなく、「予期しない妊娠」と表現されることが多い。

より産科医療機関には、診療において子ども虐待への予防的対応が求められるようになった。なお、特定妊婦は、自治体の要保護児童対策協議会のケースとして登録されると、保健師らによる家庭訪問などの支援対象になる。

　日常生活に支障が生じている特定妊婦とその子どもなどに対しては、生活のための住居や食事などの提供、児童の養育に関する支援を行う妊産婦等生活援助事業が創設されている。したがって、医療施設（病院・診療所）に勤務している助産師は、自身の過去の経験等から"気になる"妊婦と出会った場合には、社会的ハイリスク妊婦の可能性をふまえてアセスメントしていく必要がある。その上で、対象者の生活の場である地域の自治体との連携を図り、日常生活の整備・調整につなげていく。

## 産後のメンタルヘルスへの支援

　身体的変化とともに内分泌環境の変化により精神的に不安定になりやすい褥婦は、メンタルヘルスの課題が多く起きやすい。出生直後から産後10日以内にみられるマタニティブルーズは、わが国において褥婦の30〜50％でみられる。これは、涙もろさ、不安感、不眠、食欲不振などの軽い抑うつ状態となるが、あくまでも一過性のものであり、疾患ではない。しかし、これらの症状が4週間以上継続する場合や、いったん症状が消失しても再発したような場合は、産後うつ病への移行と考える必要がある。

　母と子が最初に出会う場面に立ち会う助産師は、産後のメンタルヘルスの変調に気づく必要がある。現在、多くの施設で出産後の入院中に「エジンバラ産後うつ病自己評価表（EPDS）」とともに、「赤ちゃんの気持ち質問票」や「育児支援チェックリスト」[7]等のツールを用いてメンタルヘルスのスクリーニングを実施している。このツールを使用することで、出産や母親の子に対する気持ちの把握と子育てについての準備やサポート状況を確認することができる。

---

7)「エジンバラ産後うつ病自己評価表（EPDS）」や「赤ちゃんの気持ち質問票」は、多くの施設や自治体で産後2週間後の健診時および（または）1か月健診時に実施されている。

助産師は、これらの結果を用いて対象者とコミュニケーションを図り、状況を把握する必要がある。このことは、母親自身も自分の心の状態を把握することができ、課題に気づき、整理することにもつながる。助産師は、母親の言動や行動、育児行動の実際、日常生活状況（家族や経済状況等を含む）等をふまえた上で、総合的にアセスメントし、母親とその家族に必要な支援を検討していく。また、必要に応じて、退院前に産後ケア事業[8]へつなぎ、地域での生活における継続した支援につなげていく。

# 子育てに対する施策

　厚生労働省では、成育基本法および「健やか親子21」を通じて、子どもの健やかな成育を確保することを目的に、誰ひとり取り残すことのない、妊娠期から子育て期にわたる切れ目ない施策を推進している。2016年（平成28年）の母子保健法の一部改正により、母子の健康の保持および増進に関する包括的な支援を行う「子育て世代包括支援センター」を市町村に設置することが努力義務となった。子育て世代包括支援センターの設置においては、業務を効果的かつ効率的に展開するため、保健師や助産師、看護師といった医療職に加えて、精神保健福祉士、ソーシャルワーカー等の福祉職を配置することが望ましいとした。加えて、2020年（令和2年）の母子保健法の一部改正により、市町村に対する産後ケア事業の努力義務が施行された。これは、退院直後の母子に対して心身のケアや育児のサポート等を行い、産後も安心して子育てができる支援体制の確保を目的としている。

　2023年（令和5）年、こども家庭庁は、児童福祉機能の子育て家庭総合支援拠点と母子保健機能の子育て世代包括支援センターの一体化をはかるため、「こども家庭センター」の設置を推奨した（図7-1）。こど

---

8）産後ケア事業は、自治体から委託された助産所や病院が0歳児を育てる母親の育児を支援する事業である。妊産婦等が抱える妊娠・出産や子育てに関する悩み等について、助産師等が相談支援を行い、家庭や地域生活での孤立感を解消することを目的としている。政府は事業の促進に向けて、2024年度より運営費の補助上限を撤廃し、産後うつなどで支援が必要な母親を受け入れた施設への補助も加算している。

**図7-1 こども家庭センター**

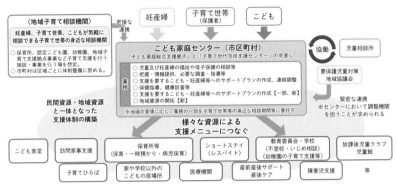

出典：厚生労働省．令和6年度保健師中央会議行政説明資料．2025.1.2アクセス，
https://www.mhlw.go.jp/content/11907000/001283333.pdf

も家庭センターの目的は、妊産婦を含む子育て家庭に対する相談支援を実施することにより、児童福祉・母子保健の両機能の連携・協働を深めることにある。このことにより、子どもへの虐待の予防的対応から、子育てに困難を抱える家庭まで、妊娠期から子育て期にあるすべての人々に切れ目なく、漏れなく対応することを目指している。

# 助産師活動をめぐる課題と今後の展望

## 多様な対象者への支援

妊婦や出産をする女性の保健行動の背景は多様である。妊娠までの経緯や年齢、健康状態、家庭・生活背景、経済状況など、さまざまな要因が複雑に関係している。例えば、身体的・精神的には問題はないが、不安定な収入基盤や複雑な家族構成などの経済的課題や家庭的背景を持っている場合もある。産後の女性たちは、子育てという新たな生活へ適応していく必要があるため、助産師はそうした女性とその家族のセルフケア能力を支援していくことが求められている。

特に、子育てをしている母親には、「これでいいんだ」と育児に自信

が持てるように関わることが大切である。育児に対しての不安が強い母親とその家族の場合は、助産師が早期に関わることで、課題を共に考え、解決に向けての経過の中で、母親と家族の自信とセルフケア能力を高める支援につなげる必要がある。

## アウトリーチ・サービス

女性とその家族のセルフケア能力は、次の世代の子どもの心身の成長発達に影響する。

アウトリーチ・サービスとは、援助者側が被援助者に対して積極的に働きかける方法である。対象者の日常生活に入り込むことで、「言えないような課題、気づいていない課題」に気づくことができる[9]。医療施設および地域において、女性と家族の気になる部分を見つけ出し、妊娠早期から支援することは、産前・産後の女性とその家族のWell-beingへの支援につながる。

現在、母子保健・児童福祉機能は、申請からはじまる支援からアウトリーチ・サービスへと転換している。そのため、助産師は、多様な女性とその家族への支援をするために、妊娠早期から産科医療機関と行政だけでなく、対象者の生活圏にある民間資源と連携し、多角的なアプローチをすることが求められている。なお、産後ケア事業においてもアウトリーチ・サービスが取り入れられている。

## 今後の展望

「健やか親子21」や「次世代育成支援対策推進法」の制定などで、母子保健に関する体制の整備がすすんでいる。妊娠期から子育て期の包括的な切れ目のない支援の施策では、プレコンセプションケア（女性やカップルを対象とした将来の妊娠のための健康管理を促す取り組み）が含まれた。そうした中、助産師の役割は、拡大している。女性のライフサイクル全般を支援するために、医療施設で勤務する助産師も地域に出て活動をしている。例えば、地域の学校に出向いての思春期健康教育講座や、

---

9）鈴木奈穂美（2019）．自立支援施策におけるアウトリーチ・サービス・モデルの理論的枠組み．社会科学年報，53，71-97．

地域での不妊カップルへの支援などが挙げられる。

　助産師は、英語で「Midwife（ミッドワイフ）」という。つまり、"女性とともに"ある専門職である。女性とともにあるために、助産師は、女性からの見えないメッセージを察知して、より生活に密着した支援を構築し、実践することが求められている。

<参考文献>
・柏女霊峰 編著（2024）子ども家庭福祉論, 誠信書房, 1-118.
・厚生労働省. 産前・産後サポート事業ガイドライン 産後ケア事業ガイドライン. 2024.8.16アクセス, https://www.mhlw.go.jp/file/06-Seisakujouhou-11900000-Koyoukintoujidoukateikyoku/sanzensangogaidorain.pdf
・厚生労働省（2020）. 子発0805第3号「母子保健法の一部を改正する法律」の施行について（通知）. 2024.8.21アクセス, https://www.mhlw.go.jp/content/000657398.pdf
・こども家庭庁（2024）. こ成母第142号・こ支虐第147号「こども家庭センターガイドライン」について. 2024.8.16アクセス, https://www.cfa.go.jp/assets/contents/node/basic_page/field_ref_resources/a7fbe548-4e9c-46b9-aa56-3534df4fb315/487a437d/20240401_policies_jidougyakutai_Revised-Child-Welfare-Act_25.pdf
・岡野禎治（1996）. 日本版エジンバラ産後うつ病自己評価表（EPDS）の信頼性と妥当性. 精神科診断学, 7(4), 525-533.

# 第8章

# 超高齢社会の介護問題

本章では、超高齢社会における、要介護者、認知症高齢者、介護離職、介護難民などの介護問題について触れていきます。さらに、孤独死や8050問題などの複雑化した社会問題についても触れ、地域包括ケアシステムについても簡単に解説します。最後に、高齢者を取り巻く問題の解決策について、筆者の考えについてもまとめています。

# 超高齢社会とは

　WHOや国連の定義によると、65歳以上の人口割合が総人口の7％を超えると「高齢化社会」、14％を超えると「高齢社会」、21％を超えると「超高齢社会」とされている。

　現在の日本の総人口は令和5年10月1日現在、1億2,435万人となっている。そのうち65歳以上の人口は、3,623万人となり、総人口に占める割合（高齢化率）は29.1％である。（令和6年版高齢社会白書より）

# 介護問題

## 認知症高齢者の増加

　厚生労働白書令和5年度版によると、2025年には認知症の有病者数は約700万人に達すると推計されている。これは全人口の約20％にあたる。今後この数は増えつづけ、2040年には800万人に達すると見越している。単純計算で5人に1人が認知症高齢者ということになる。

　以下は、筆者が最寄りの駅で、ある光景を目にしたエピソードである。

　50代後半くらいの男性が、汚れた作業着を着て、片足にサンダルを履き、もう片方は裸足の状態で駅構内を歩き回っていた。よく見ると、「○○駅はどこですか？」と駅の中で何人もの人に話しかけている。困惑している人や相手にしない人がほとんどで、その男性は話しかけるたびに不安や焦りがつのり、さらに歩き回って質問をしているという様子だった。最終的には、駅員がその男性を保護した。

　これを読んで、この男性が認知症の可能性があることを想像できた人はどれくらいいるだろうか。認知症は、徘徊高齢者、車いすで過ごす人、寝たきりの人、というイメージがあるかもしれない。筆者が駅で見

かけたこの男性は、早歩きで、片足しかサンダルを履いていないものの、バランスを崩すことなく足取りもしっかりしていた。しかし、顔も立ち居振る舞いも、50〜60代に見えるぐらい年齢が若いにもかかわらず、自分の居る場所がどこなのかわからなくなっていた。つまり、見当識障害が見られたのだ。まわりにいた人は、認知症かどうかの判断はできないにしても、男性に支援が必要なことにさえ誰も気づかなかった。そして、積極的なコミュニケーションを取ろうという人も、駅員さん以外にはいなかった。

　介護保険制度では、地域包括ケアシステムを構築することにより、誰もが住み慣れた地域で最期まで生活することができる社会を目指している。これは介護保険や医療保険など制度上だけの話ではない。筆者が遭遇した上記のシーンから、一般人から見て支援が必要な人を認識できていない現状を、垣間見ることができる。

　これは個人で解決できる問題ではない。超高齢社会に到達し、身近にこのようなシーンを見かけることが現実的になってきた今、社会全体で認知症対応を含めた支援を捉えなおさなければならない。

　実際に、みなさんの地域でこのような状況に遭遇した場合、彼（彼女）は認知症かもしれないと考え、誰もが手を差し伸べることができるような考え方に変わっていく必要があるのではないだろうか。


## 要介護者とは

　要介護者とは、認知症が疑われる人や、さまざまな疾患から介護を必要とする人たちが介護保険申請を行い、要介護（要支援）認定を受けることで、介護保険サービスを利用できる人のことを指す。

　介護保険料を負担するのは第2号被保険者の40歳以上で、これは医療保険と合わせて徴収される。第1号被保険者は65歳以上の者で、多くは年金から自動的に引き落とされる。

　つまり、介護が必要になった人が、制度を利用できるのは40歳以上となる。なお、40歳から64歳までの第2号被保険者は、特定疾病を有したケースで、特定疾病は加齢に伴い、発症しやすい疾病である。

　要介護認定の申請は役所に出向く必要があるが、地域包括支援セン

ターなどで代行することも可能である。

　申請後、役所から委託を受けた認定調査員が自宅等を訪問し、現在の困りごとを明らかにするために、健康状態、心身機能の状態、認知症の状態、生活歴、本人を取り巻く環境、家族構成など、多岐に渡る74項目の基本調査を行う。その後、認定調査の状況と、主治医の意見書も合わせて1次判定が行われ、要介護認定基準時間の算出をデータで行う。さらに、特記事項を踏まえて介護認定審査会による2次判定が行われ、結果が本人に通達される。

　認定調査の結果は、原則として申請から概ね30日以内に決定され、申請日から有効となる。これらは、「新規認定」、「変更認定」、「更新認定期間」が設定されており、新規認定後は原則6か月となる。状態変化があった場合には、区分変更の申請もできる。

　要介護認定は、「非該当」「要支援1」「要支援2」「要介護1」「要介護2」「要介護3」「要介護4」「要介護5」と区分される。基本的には、介護に要する時間によって区分が決まる。

　要支援者は、地域包括支援センターなどが窓口の総合支援事業などを利用し、介護予防サービスが受けられる。訪問介護などの在宅介護サービスや、介護老人福祉施設などの施設サービスも利用することができる。

　要介護度によって利用できるサービスの上限が決まっているため、ケアプランを作成する必要がある。本人や家族で作ることもできるが、通常、居宅介護支援センターなどを利用してケアマネジャーと契約し、ケアプランを作成してもらうことが多い。居宅介護支援事業所の利用料の負担はない。あくまでケアプランを作成するのがケアマネジャーであり、介護サービスの提供は行わないのが原則である。

　介護老人福祉施設（特別養護老人ホーム）を利用するためには、原則、「要介護度3以上」でなければならない。また、認知症対応型共同生活介護いわゆるグループホームなどは、市町村長が指定を行う、地域密着型サービスに該当するため、介護保険適用であるが、その地域に居住している必要がある。

　また、障害者総合支援法の障害者福祉サービスとの兼ね合いで、障がい者が65歳になると、できるだけ介護保険制度に移行されるため、利

用されるサービスが変更されてしまうケースもあり得る。

　こうした利用者が制度の狭間に陥ることがないように共生型サービスも存在している。障がい者が、住み慣れた地域で使い慣れたサービスを65歳以上になっても受け続けられるよう、事業所側が指定を受けて高齢者サービスとしても提供できるようにする仕組みである。

# 介護予防サービスとは

　厚生労働省によると一般介護予防事業で、「介護予防は、高齢者が要介護状態等となることの予防又は要介護状態等の軽減もしくは悪化の防止を目的して行うものである」としている。

　具体的には、機能回復訓練などの高齢者本人へのアプローチがある。また、地域づくりなどの高齢者本人を取り巻く環境へのアプローチや年齢や心身の状況等によって分け隔てなく、住民主体の通いの場を充実させ、人と人とのつながりを通じて、参加者や通いの場が継続的に拡大していくような地域づくりを推進する。

　そして、リハビリテーション専門職等が自立支援に資する取り組みを推進し、介護予防を機能強化している。なお、市町村が主体となり、一般介護予防事業を構成する以下５つの事業のうち、必要な事業を組み合わせて地域の実情に応じて効果的に実施としている。

---

① **介護予防把握事業**
　地域の実情に応じて、収集した情報等の活用により、閉じこもり等の何らかの支援を要する者を把握し、住民主体の介護予防活動へつなげる。

② **介護予防普及啓発事業**
　介護予防活動の普及・啓発を行う。

③ **地域介護予防活動支援事業**
　市町村が介護予防に資すると判断する地域における、住民主体の通いの場等の介護予防活動の育成・支援を行う。

④ **一般介護予防事業評価事業**
　介護保険事業計画に定める目標値の達成状況等の検証を行い、一般介護予防事業の事業評価を行う。

⑤ 地域リハビリテーション活動支援事業

地域における介護予防の取り組みを機能強化するために、通所、訪問、地域ケア会議、サービス担当者会議、住民主体の通いの場等へのリハビリテーション専門職等の関与を促進する。具体的には、誰もが集まりやすく、（多世代を含めた）人と人のつながりを作る茶の間を運営している地方公共団体の他に、農作業をメインに自然に親しみ、健康増進を図る介護予防の推進など、地域の情勢と利用する側のニーズに応える場を作る地方公共団体もある。また、新型コロナウィルスにより、感染症対策も講じられ、ICTを活用したオンラインの通いの場、そして会場とオンラインでのハイブリッドで介護予防リハビリ体操などを行う地方自治体もある。

# 増加する介護離職

## ビジネスケアラーとは

働きながら親などの介護をする人、いわゆる「ビジネスケアラー」が近年増えており、現在就いている仕事を離職することを「介護離職」という。経済産業省によると2030年には318万人がビジネスケアラーになり、それをきっかけに離職や労働生産性の低下に伴う経済損失額は9兆円に上るという将来推計を公表している。

そこで労働生産性の低下を具体的に考えてみよう。企業で働く50代の社員が80代の親の介護で離職するケースだ。一般的な中小企業の50代は、役職のポストが付き、管理者やチームリーダーを担うことが多い。企業側からすれば、管理者を失うことは大きな痛手となる。次に、そこに充てる新たな人材を育成する、もしくは他から新たな人材を採用するコストは莫大となり、時間も労力もかかる。そもそも、その世代は、なんらかの親の介護問題を抱えており、離職する場合も増えていると考えると、代わりになる人材は少ない。

見つかったとしても、同じように介護離職する可能性も高く、負の連鎖が続く。介護休暇という制度もあるが、実態は、介護のために2時間だけ時間休が欲しい場合でも1日休まなければいけないことや、制度を使いにくいシフト制の福祉現場の人などは率先して介護休暇を取るべきだと思うが、取りにくい実情が多々あるようだ。

## 保険外サービス

　介護保険制度は改正を重ね、さまざまニーズに応えるために柔軟性のあるサービスを作ってきたが、利用できる内容や頻度が限られている側面もある。

　また、介護保険外サービスに着目し、民間企業でもサービスが提供されはじめている。国もモデル事業を開始し、地方公共団体が、草むしりなどの家事やちょっとした外出支援などの保険外サービスの実施をスタートしている。しかし、保険外サービスは自由に価格設定ができるため、営利目的の企業サービスを利用してしまうと、必要以上に料金を支払うこともあるため注意が必要である。

　介護離職の問題は、生産年齢人口にかなりの影響を与え、日本経済の衰退にもつながる恐れのある大きな社会問題である。柔軟性のある臨機応変的な対応ができる、制度設計が喫緊の課題といえる。

# 介護難民とは

## 介護施設の人手不足

　この問題は厚生労働省や政府による定義はされていない。簡単にいうと、サービスを利用したい人が、介護サービスを受けられないといった、需要と供給のバランスが崩れた状態のことである。たとえば施設の人手不足は深刻で、厚生労働省の第9期介護保険事業計画によると、2026年には、240万人の必要介護職員数に対して、25万人不足するという推計がある。千葉県を例にすると、約1万人が不足すると推計されている。

　政府は、介護職員の処遇改善（介護報酬改定による賃金アップ）や、多様な人材確保・育成（就学資金の貸し付けなど）、離職防止や定着・生産性の向上（ICTや介護ロボットの活用）、介護職の魅力の向上（SNSや介護現場にフォーカスした映画の上映会など）、外国人の受け入れ体制の整備が実施されている。

なお、2022年の厚生労働省の発表によると、特別養護老人ホームへの入居待ち待機者数は、25万人に上ると推計されている。

## 利用者からのハラスメント

　利用者からのハラスメント問題も深刻だ。サービスを受ける側が選ばれる時代と考えることもできるだろう。

　カスタマーハラスメントが起こる、または予測されるケースでは、事業所から利用を断られる可能性もあるということだ。

　そのため、介護サービス自体が、それを受ける利用者やその家族の在り方といった常識が問われることにもなる。

　介護職員の人材確保のために、さらなる介護報酬アップなどの改定により、安定した経営と処遇改善を図っていくことが課題である。

# 孤独死問題

　人生の最期をどのように迎えたいか、みなさんは考えたことはあるだろうか。誰かに看取ってもらいたいのか、それとも独りで最期を迎えたいのか、最期はどこで過ごしたいのか、大多数の人は死の状況までは考えたことがないかもしれない。

　超高齢社会においては、独居高齢者などが誰にも気づかれないまま死後数日から数か月経ち、近隣住民が異臭に気づいて発見される「孤独死」の問題がある。孤独死については、介護保険制度がはじまる前から問題となっており、阪神淡路大震災などの災害関連死や、バブル崩壊やリーマンショックによるリストラが原因とされる社会的孤立、東日本大震災や新型コロナウィルス感染症の拡大による人とのつながりの軽薄さが孤独死問題を露呈させてきた。今後、ますます孤独死問題が加速していくことが予想される。

　孤独死には明確な定義はなく、厚生労働省は「孤立死」と呼んでいる。孤独に死ぬことを自己決定することも、幸福追求権のひとつである

という考え方もある。しかし、孤独死が起きた時には、特殊清掃業者が部屋の清掃にあたる必要があるなど、個人の問題にとどまらない場合もある。異臭により近所に迷惑がかかることや、身元保証人がいないことで、役所の対応にも限界がある。火葬場不足に加えて、葬儀をする日は友引を避けるなどの古い習慣が、より葬儀の実施を遅らせてしまうなど、問題は山積している。社会全体で対策を考える必要がある。

日本では、尊厳死の考え方が厚生労働省のガイドラインによって定められているが、法整備はされていない。海外では安楽死を含めて、法律のもと判断されることもある。身近なところでは、健康保険証の裏に臓器提供を希望するかどうかを記載できる欄がある。

介護施設と顧客が利用契約を結ぶ際、施設で最期を看取るのか、救急搬送を行うのか、AEDは使用するかしないかなど、事前に患者や家族の意向を確認するにとどまっているため、死への向き合い方を議論する必要性がある。

# 8050問題

少子高齢化に伴い、ひきこもりの子の高齢化が進んでいる。親が80代でその子どもが50代の家庭で、複合的な課題を抱え、孤立し、共倒れしてしまう問題だ。全国ひきこもり家族会連合会によると、「この問題は全国で噴出しており、その背景には、家族とその本人の病気、親の介護、リストラ、経済的困窮、人間関係の孤立などが複雑に絡み合い、地域社会とのつながりが絶たれた社会的孤立姿がある。

また、この問題は親子共倒れの問題が発生するまで（事件化するまで）、SOSを発信できない家族の孤立が潜在化されている」と指摘している。

こういった問題の解決には、一般的に時間を要す。例えば、介護保険制度を利用して親の介護の問題が解決できたとしても、子の問題も包括的に支援されなければ、経済的困窮は続き、介護保険サービスの料金すら払えないことになる。

第8章　超高齢社会の介護問題

つまり、一時的な解決にとどまり、根本的な解決にはつながらない。複雑化した問題を解決するためには、介護と雇用を掛け合わせた支援といった他の分野との連携が必要不可欠である。そして、そのサービスを活用できるだけの幅広い視野を持った人材も必要になってくる。

　この場合、ソーシャルワーカーが支援者として適任なのかもしれないが、他の業界まで含めた支援をコーディネートするとなると、人材の不足や質の向上が期待できるほど幅広く網羅することはむずかしい。AIなどのICTを活用した支援にも期待したいところだが、生活に困難を抱える家族に支援がすぐにでも行き届くことが喫緊の課題といえる。

# 地域包括ケアシステム

　各項で地域包括ケアシステムについて触れているため、ここでは簡単に説明する。

　介護保険制度は3年に1度改正が行われる。社会情勢に応じて、要介護認定の見直しを行い、要支援が追加されたほか、法令遵守、特別養護老人ホーム入所要件要介護3以上、利用者負担の見直し、介護職員処遇改善など多岐にわたり、利用者の利益が保証されるように改正されてきている。

　繰り返すが、このシステムは地域で暮らす人々が、自宅から徒歩30分圏内に医療、介護、介護予防、住まい、生活支援のサービスが存在し、介護が必要になっても住み慣れた地域での暮らしが継続できるようにするための仕組みである。前述までのさまざまな介護問題を解決するために、政府を挙げて介護保険制度の改正を重ね、システムの深化を進めている。

# 希望ある超高齢社会にするために

## 人口の減少

　生産年齢人口が少なく、高齢者を支えることが難しい状況はこの先も続いていく。この現状が続くと、日本は衰退する一方だろう。つまり、減少する若い世代が高齢者を支えるという構図を変えていく必要がある。

　例えば、シニア世代の婚活などはいい例だろう。生涯独身の方も結婚歴がある方も、最期を一人で迎えたくないというニーズに応えた婚活の企画は、近年とても好評だという。週末バスツアーなどのバラエティーに富んだものもあるようだ。これは、人と人のマッチングが目的だが、婚活ツアーに参加するだけで人生が豊かになるという人もいる。

　介護の視点で考えると、おしゃれをすることは身体機能の維持につながり、待ち合わせ場所に定刻に向うという見当識をしっかり持つことができる。そしてワクワク感は精神面の充実につながり、社会参加にもつながる。そして、こういった経験や過程が人生の質を向上させていく。うまくいけば、老後の孤立を防ぎ、高齢者世代が互いに支えあうことにもなる。若者がもつ高齢者や介護に対するイメージアップにもつながるかもしれない。「老後も悪くない」という期待と、プラスのイメージが持てるようにもなるかもしれない。

　また、こうした事業を通して、若い世代と高齢世代との交流のきっかけになるかもしれない。今後も、高齢者のニーズに応えられるような斬新なサービスが求められていくだろう。

　介護保険制度は、時代が変わるとともに、新たなニーズも出てくることが予想される。高齢者の時代背景も、猛烈に働いてきたサラリーマンなどの集団性が強い背景から、少し自由度が高まった働き方、スポーツのコーチ（サッカーコーチを続けていたが50代で若年性認知症を患った事例も聞く）などの個別性のある、さまざまな時代背景によって変化していくことが予想できる。

## 政治と介護

　高齢者の個別のニーズに応えていくために、介護を支える多職種が連携したサービスを提供するだけでは、対応できなくなるだろう（すでに難しいケースもある）。組織や地域全体でニーズに対応できるような仕組みづくりが必要になってくる。

　そのためには、介護問題に焦点を当てているだけでは、解決の糸口は見つけられない。それには、「政治」が大きなカギを握っている。われわれ国民一人ひとりが福祉や介護に関心を持ち、自分ごとのように捉えて考えていくことからはじめる必要がある。


＜参考文献＞

・厚生労働白書令和5年度版　令和5年8月
　https://www.mhlw.go.jp/wp/hakusyo/kousei/22/dl/zentai.pdf

・『わかりやすい福祉と医療・保健のしくみ』2021年3月25日　結城康博・河村秋　有限会社　書籍工房早山

・厚生労働省　『介護予防について』HPより
　https://www.mhlw.go.jp/stf/seisakunitsuite/bunya/hukushi_kaigo/kaigo_koureisha/yobou/index.html

・NHK首都圏ナビ　『増える"ビジネスケアラー"(2)仕事と介護の両立に「保険外サービス」が頼みの綱？』HPより2023/10/12
　https://www.nhk.or.jp/shutoken/wr/20231012a.html

・厚生労働省第9期介護保険事業計画　令和6年7月12日
　https://www.mhlw.go.jp/content/12004000/001274769.pdf

・『地域包括支援センターにおける「8050」事例への対応に関する調査』2019年3月　特定非営利活動法人KHJ全国引きこもり家族会連合会

・『介護職員に対する処遇改善について考える③　働き盛りに多い「ビジネスケアラー」とは？』2023年10月13日　老施協デジタル
　https://roushikyo-digital.com/management/6193/

# 第9章

# 介護職の課題

本章では、介護という専門職の本質を捉えながら、介護現場における人材不足の深刻さ（賃金水準の問題、厳しい労働環境）、少子高齢化と介護労働市場の課題（外国人労働者の受け入れ、介護ロボットの導入）について解説します。それを踏まえ、課題解決の鍵と考えられる介護現場の職員養成（中間管理職の役割や、教育および研修制度）についても解説します。

# 介護職の仕事～3Kのイメージを超えて～

　介護の仕事は、一般的に「汚い」「きつい」「危険」といった3Kのイメージを持たれることが多い。例えば、排泄物の処理や、自分よりも大きな体の利用者を移乗させる身体的な負担、さらには職場における感染リスクなどが、介護の仕事を非常に過酷で厳しいものとする要因として挙げられる。しかし、このようなイメージは表面的なものであり、介護職の本質を捉えていない。

## 専門職としての介護の仕事

　介護福祉士は、「社会福祉士および介護福祉士法」において、「介護福祉士」の名称を用い、専門的知識と技術をもって、身体的または精神的な障がいにより日常生活に支障が生じる者に対して、その心身の状況に応じた介護を行うとともに、当該者やその介護者に対して介護に関する指導を行う者と定義されている。この定義は、介護福祉士が単なる身体的ケアにとどまらず、利用者が人生の最期までその人らしく生きるために必要な支援を提供する専門職であることを明示している。

　つまり、介護福祉士は利用者の身体的および精神的状況に応じた包括的なケアを提供し、さらには利用者やその家族に対して介護に関する指導を行うことが法的に規定されており、その職務は深い専門的知識と技術にもとづくものである。このため、介護福祉士の職務は、3K（汚い、きつい、危険）に象徴されるような単純労働では決してない。

　実際に、介護福祉士を志す者や現場で働く職員の中には、介護の職務を「創造的な仕事」として認識し、利用者の個性や希望を尊重し、その人らしさを最大限に反映した支援の提供にやりがいを見出す者が増加している。彼らは、介護を単なる生活支援の枠を超えた、利用者がその人らしい人生を送るための包括的サポートと位置付けている。

　このように、介護職は高度な専門性と倫理観を要求される職業であり、社会的にもその意義が再評価されつつある。特に、介護福祉士の職務は、利用者の生活の質を向上させることに寄与し、その意味において

極めて重要な役割を果たしている。

# 介護現場における3Kの再評価
## ～ネガティブからポジティブへの転換～

### 「汚い」から「観察物」への視点転換

　介護現場において、排泄物の処理などの業務が一般的に「汚い」と認識されることが多い。このような認識は、介護職の専門性を過小評価する結果を招きかねない。尿は「小便」、便は「大便」と呼ばれるが、「便」という字は「便り」とも読まれ、情報を伝える意味を持つものである。実際に、排泄物は利用者の身体状態を知らせてくれる重要な「観察物」であり、利用者の健康状態を確認することができる機会でもあり、さらに、適切なケアを提供するための重要なプロセスでもある。

　介護職は、排泄物を通じて得られる健康情報を収集し、それにもとづいてケアの質を向上させる役割を担っている。このため、「汚い」という表現は介護業務を正しく理解したものではなく、むしろ「観察対象」としての排泄物の価値に着目することが重要である。

### 「きつい」から「技術と対策」への進化

　介護職における「きつい」というイメージの中でも、特に腰痛は代表的な問題とされているが、この見方は一面的にすぎない。確かに、利用者の移乗や認知症の対応など、介護労働が重労働であることは否めない。しかし、実際には、腰痛予防のための技術的支援や福祉用具が普及しており、スライディングボードやスタンディングマシーン、リフトなどの福祉用具が介護現場で広く導入されつつある。

　2013年に改訂された「職場における腰痛予防対策指針」においても、全介助が必要な対象者にはリフト等の積極的な使用を推奨し、人力による抱上げを原則として禁止している。このような福祉用具の活用

第9章　介護職の課題　　119

により、介護職員は物理的負担を軽減し、安全かつ効率的にケアを提供できるようになっている。

さらに、オーストラリアで提唱された「ノーリフティングケア」の導入により、利用者と介護職員双方にとって安全な環境が整備されつつある。ノーリフティングケアは、介護現場において人力での持ち上げを避け、リフトなどの福祉用具を積極的に活用することで、身体的負担を軽減し、安全性を向上させるケア手法である。

この取り組みにより、介護職員の腰痛やその他の身体的負傷のリスクが大幅に減少し、利用者に対しても無理な移乗や姿勢の変更を避けることができるため、より快適で安心できるケアが提供されるようになっている。実際、このアプローチにより、介護職員がみずからの身体の使い方を学び、効果的に活用することで、腰痛を予防しながら質の高いケアを提供する事例が増加している。

## 「危険」から「対策と改善」へのアプローチ

介護現場においては、利用者やその家族からのハラスメントが「危険」として認識されることがある。近年、ハラスメント問題に対する対策は進展しており、厚生労働省は『介護現場におけるハラスメント対策マニュアル』を策定し、具体的な対応策を提示している。このマニュアルでは、身体的暴力、精神的暴力、セクシュアルハラスメントの定義が明確にされており、介護職員がこれらの問題に対処するためのガイドラインが整備されている。

実際、介護職員の4〜7割が利用者からの、1〜3割が家族等からのハラスメントを経験しているという調査結果がある。このうち、訪問介護など訪問系サービスにおいては、「精神的暴力」の割合が特に高く、介護老人福祉施設などの入所・入居施設では、「身体的暴力」および「精神的暴力」のいずれも高い傾向にある。実際、ハラスメントを受けたことによるケガや病気を抱える職員が1〜2割、さらに仕事を辞めたいと考えた職員が2〜4割にのぼるという深刻な状況が明らかになっている。

ハラスメントの発生要因として、管理者等は「利用者・家族等の性

格や生活歴」、「サービスの範囲の理解不足」、「過剰な期待」、「認知症等の病気や障害」を挙げている。特に、サービスの範囲や介護保険制度の理解不足が原因で、利用者やその家族が過度な要求を行うことが多く、これがハラスメントの引き金となることが多い。このような事例を防ぐためには、事前にサービス内容の詳細や制度上の制約を十分に説明し、利用者やその家族の理解を得ることが不可欠である。

『介護現場におけるハラスメント対策マニュアル』にも、サービスを開始する際に必要なチェック項目として、利用者やその家族の病状や特徴を理解し、ハラスメントのリスクを把握すること、介護保険制度や介護契約書・重要事項説明書の内容について説明し、利用者の理解を得ることの重要性が明記されている。このような対応が適切に行われていれば、ハラスメント発生のリスクを大幅に低減できると考えられる。

## 介護現場における3Kの再定義

これまで「きつい」「汚い」「危険」というネガティブなイメージで語られてきた介護現場の3Kは、現場で働く職員の声を反映し、新たな視点で再評価されつつある。静岡県では、このネガティブなイメージを払拭し、県民が介護職を前向きに捉えるための介護の新3Kを提唱している。この新3Kは、「感謝を分かち合える仕事」「心がつながる仕事」「感動できる仕事」を意味し、介護職が持つ本来の価値とやりがいを強調している。

さらに、介護現場からは、「感謝」「感動」「感激」「希望」「カッコいい」「クリエイティブ」「稼げる」「絆」など、ポジティブなKを含む多くの表現が生まれており、これらは介護職の社会的価値を再認識する上で重要な要素となっている。

このような視点転換は、介護職員のモチベーション向上や職場の雰囲気改善に寄与し、介護業界全体のイメージアップにもつながっている。

# 介護現場における人材不足

## 人材不足の現状

　介護現場が3Kであるというネガティブなイメージは、近年、その再評価が進んでいるものの、介護職の人材不足という深刻な問題は依然としてあり、介護現場の最大の課題となっている。

　とりわけ、訪問介護員およびケアマネジャーの不足は、深刻な問題である。訪問介護員は高齢者や障害者が自宅で自立した生活を送るために不可欠な存在であるが、その数が圧倒的に不足している。

　この不足は、訪問介護のサービス提供に大きな支障をきたしており、利用者が必要なサービスを受けられない状況が生じている。また、ケアマネジャーは、利用者と社会資源をつなげるためにケアプランを作成し、適切な介護サービスが提供されるように調整する役割を担っているが、その数が不足しているため、一人のケアマネジャーが過剰な数の利用者を担当せざるを得ない状況が続いている。このような過重労働は、ケアプランの質の低下や、ケアマネジャー自身のバーンアウトを引き起こす原因となっている。

## 賃金水準の問題

　介護職全般に共通する人材不足の要因として、賃金の低さも挙げられる。厚生労働省の「令和5年賃金構造基本統計調査」によれば、介護職員の平均月収は約24万円であり、全産業の平均月収約30万円と比べて約6万円低い。また、製造業（約34万円）やサービス業（約35万円）と比較しても介護職の賃金は10万円以上低い水準にある。さらに、ボーナスや手当てを含めた年収では、介護職は約320万円から380万円であるのに対し、全産業平均は450万円以上、製造業は470万円以上に達する。公益法人介護労働センターの調査によれば、この賃金の低さに対する不満が離職の主な原因のひとつとなっている。

　特に、若年層においてその傾向が強く、労働力の介護業界への参入を阻む主因となっており、介護業界全体での人材不足を恒常化させてい

る。

## 厳しい労働環境

　介護職の働く環境は肉体的な負担が大きく、重い介護者の移動や身体介助を行うことが日常的である。また、精神的な負担も少なくなく、利用者やその家族とのコミュニケーションや対応において高いストレスがかかることが多い。さらに、長時間労働や不規則な勤務シフトが常態化していることから、生活リズムが乱れやすく、仕事と私生活のバランスを保つことが難しい。これらの要因が重なり、介護職の働く環境は非常に厳しいものとなっている。

　特に、訪問介護員は、一人で利用者宅を訪問し、身体的・精神的に負担の大きい作業を行うことが多い。このような労働環境に加え、労働時間が不規則であるため、長期的に働き続けることが難しいと感じる人が多い。

　また、ケアマネジャーに関しても、業務の複雑さや責任の重さが要因となっている。ケアマネジャーは、多くの利用者を担当し、個別に最適なケアプランを作成する必要があるため、その業務量とプレッシャーは非常に大きい。さらに、法改正や制度変更に伴う業務の増加が、その負担を増大させている。

# 少子高齢化と介護労働市場の課題

## 構造的な人材不足がもたらす介護サービスの課題

　介護職員の人材不足においては賃金や労働条件の問題に加えて、本質的に絶対的な人材不足の問題が現代社会には生じている。すなわち、少子高齢化の進行による労働人口の減少といった構造的な問題である。介護が必要な高齢者の増加と若年の労働人口の減少がもたらす絶対的な人材不足が、介護現場において顕著になっている。

　これにより現場の介護職員一人ひとりにかかる負担が増大し、肉体

的・精神的な限界に達する職員が増加しているため、結果として離職率が上昇し、さらに人手不足が深刻化するという悪循環が生じている。

この人材不足の連鎖は、介護現場の安定した運営を著しく困難にし、介護サービスの質の低下や供給不足を招いている。こうした問題に対処するためには、現在、「外国人介護職員の雇用促進」や「介護ロボットの導入」といった新たな戦略が導入されつつある。

## 外国人労働者の受け入れ

介護現場での外国人労働者の受け入れは、特に技能実習制度や特定技能制度を通じて進展している。2023年現在において専門的・技術的分野の外国人の受入れとしての在留資格「介護」をもつ外国人労働者数は約9,300人、本国への技能移転を趣旨とする技能実習生は約1万4,800人、人手不足対応のための一定の専門性・技能を有する外国人の受入れを趣旨とすると特定技能1号の在留者数は約2万8,400人に達している。これらの制度を通じて、介護現場の人材不足を補う取り組みが進められているが、介護職員全体に占める割合はまだ小さく、今後のさらなる拡大が期待されている。

外国人労働者の受け入れは労働力不足の解消に効果があり、特に、少子高齢化が進行する中で、若い労働力を確保する手段として有効である。また、多様な文化背景を持つ人々が介護現場で働くことで、利用者に対してより幅広いサービスを提供できる可能性がある。しかしながら、その一方で言語や文化の違いによるコミュニケーションの問題があり、利用者との意思疎通が難しくなる場合もある。また、定着率が低いことや、長期的なキャリア形成が難しいこと、資格取得のハードルといったさまざまな問題が依然としてある。

これらの問題を解決するためには、言語教育や文化理解を促進するための教育プログラムの充実、そして長期的な支援体制の構築が必要であると考えられる。

## 介護ロボットの導入

　介護現場では人材不足に対処する一方策として、介護ロボットの導入が進められている。介護ロボットとは、高齢者や障害者の介護を支援するために設計されたロボットのことを指す。これらのロボットは、介護現場での身体的な負担を軽減し、介護サービスの質を向上させることを目的として開発されている。具体的には、移動支援や入浴支援、排泄支援、コミュニケーション支援、見守り・監視などの機能を持ち、主に高齢者や障害者の移動をサポートする**移動支援ロボット**、リフトや入浴支援装置など利用者の身体的なケアや、日常生活動作の支援を行う**介助・作業支援ロボット**、利用者とのコミュニケーションを支援し、安全を確保する機能や認知症ケアや、遠隔見守り機能を持つ**コミュニケーション・見守りロボット**の３種類がある。

　介護ロボットは、介護職員の身体的負担を軽減し、労働環境の改善に寄与する手段として期待されている。しかし、その導入には高額な費用が伴うことや、技術の未成熟に起因する課題が存在するため、実際に有効活用するためには、依然として検討すべき課題が多く残されている。

　特に、高齢者の身体的状態に合わせたロボットの操作や、利用者との信頼関係を築くためのコミュニケーション機能の向上が必須である。加えて、介護ロボットの普及が進む中で、職員の技術的な教育や研修の充実も重要な課題となっている。

# 中間管理職の職員養成力

## 中間管理職のマネジメント力と介護現場の人手不足

　上述のように人材が定着しないことによる人手不足が現場において深刻な問題となっているが、この問題の解決には中間管理職の役割が極めて重要である。介護現場では「人手が足りない」という声が頻繁に聞かれるが、これは多くの場合、労働条件や仕事の負担に起因している。

第9章　介護職の課題

公益法人介護労働センターが実施した「介護労働実態調査」によれ
ば、労働条件や仕事の負担に関する悩みの中で「人手が足りない」と
感じている職員は49.9％に上る。しかし、キャリアアップのために転
職した元同僚からは、「適切な人員配置や業務内容の改善が行われれ
ば、そのように感じる職員は減少する可能性がある」との指摘があっ
た。

　ここで中間管理職の役割が重要となる。適切な人員配置や業務内容
の見直しを行うのは、中間管理職のリーダーシップとマネジメント力
にかかっている。筆者が以前勤務していた専門学校では、ほとんどの学
生が介護現場でアルバイトをしていた。実習期間になると、一時的にア
ルバイトを休止する。そのような場合、事前に施設に相談していたが、
「人手不足で休まれては困る」と回答した施設はわずか1ヵ所のみで、
多くの施設は「人員的には問題ない」との回答だった。この事例から
も、現場における人手不足のイメージが必ずしも実態と一致しないこ
とがわかる。

　このような状況において、中間管理職が適切にスタッフを配置し、業
務を調整することで、職員の負担を軽減し、結果的に人手不足と感じる
状況を改善することが可能となる。適切な管理とサポートにより、職員
の定着率も向上し、現場の安定した運営が実現されるのである。

## 中間管理職の役割と養成

　介護現場における人材不足を解消し、質の高い介護サービスを提供
するためには、中間管理職の人材育成力が極めて重要である。前出の公
益法人介護労働センターの調査によると、多くの介護職員が「働きが
いのある仕事だと思ったから」（42.3％）や「資格・技能が活かせるか
ら」（29.5％）という理由で介護職に就いている。しかしながら、勤続年
数に着目すると、「勤続1年未満」の離職者が全体の4割を占め、勤続
3年未満の離職者が約6割強に達している。このデータは、特に勤続年
数の短い職員に対する教育や研修が十分でないことを示唆しており、
中間管理職の指導力がその改善のカギとなる。

　介護職員はやりがいや使命感を持って職務に従事しているが、その

意義を効果的に伝える役割を担うのが中間管理職である。彼らは、新人介護職員に対して、単なる作業としての介護ではなく、高度な専門性を備えた介護を指導する責任を負っている。平成27年度の「介護事業所における中間管理者層のキャリア形成に関する研究会」の報告書においても、サービス提供責任者やグループリーダーなどの中間管理者が人材育成において果たす役割の重要性が強調されている。

　さらに、調査結果からは、「利用者に適切なケアができているか不安」（35.2%）、「利用者と家族の希望が一致しない」（20.6%）、「介護事故による利用者の負傷に対する不安」（22.3%）など、現場における不安要因が明らかになっている。これらの不安も、中間管理職が適切な指導とサポートを提供することで大幅に軽減される可能性がある。また、職場の人間関係に起因する離職者が34.7%に上ることも、中間管理職の役割の重要性を示している。

　これらの課題は、中間管理職が主導して取り組むべきものであり、効果的な教育および研修、さらに強力なリーダーシップによって、介護現場における人材の定着と、質の高いサービスの提供が可能となるのである。

## 教育や研修制度の現状と課題

　就業先での教育や研修について、現介護職員に聞いたところ、「教育や指導の計画が立てられていない」、「意味のない研修が多い」、「入社時にもっと丁寧な指導が欲しかった」などの声が多く聞かれた。これらの問題は、事業所の理念と方針を現場に適用できる形で伝えられていないことが原因と考えられる。

　専門学校の学生が実習に参加する際も、中間管理職がどのように指導するかによって、実習の意義が大きく変わる。指導が適切であれば、学生は介護の楽しさや達成感を感じて帰校するが、指導者に恵まれない場合、実習の目標を達成できないまま終了してしまうこともある。

　これらの問題点を改善するためには、まず、事業所全体で教育・研修の重要性を再認識し、体系的かつ計画的なプログラムを策定する必要がある。このプロセスにおいて教育や研修の効果を高めるためには、中

第9章　介護職の課題　127

間管理職の役割が極めて重要である。彼らは、教育・研修の計画を現場で具体的に実行に移すだけでなく、日常的に職員の成長を支援し、モチベーションを維持するためのフィードバックを提供する責任を負っている。

特に、実習生の指導においては、指導者としてのスキルや経験が大きな影響を与えるため、彼ら自身の教育・研修に力を入れることも重要な課題となる。

＜参照文献＞
・一般社団法人　日本ノーリフト協会　https://www.nolift.jp/.2025.1.7
・厚生労働省「職場における腰痛予防対策指針」平成25年6月18日
・厚生労働省「介護現場におけるハラスメント対策マニュアル」令和4（2022）年3月改訂　株式会社三井総合研究所
・厚生労働省「令和5年賃金構造基本統計調査」
・厚生労働省『外国人労働者の受入れの政府方針等について』外国人介護人材の業務の在り方に関する検討会第1回（R5.7.24）資料2
・公益財団法人 介護労働安定センター『令和5年度 介護労働実態調査』

第**10**章

# 希少難病児と母子支援

本章では、希少難病にかかっている人々の現状を解説します。希少難病とは何か、難病を取り巻く問題とは何か、患児や患児家族たちが今この時も闘っている病気以外の困難とは何か。母子支援としての活動例と、社会課題解決の一部分を紹介します。社会には何が求められていて、私たちは何ができるでしょうか。まずは理解をしてください。

# 難病と希少疾患

　難病および希少疾患は、7,000種類近くあるといわれ、日本国内の患者数は700万人以上と推定される[1]。しかし、その実態はあまり知られていない。患児・患児家族自身が、差別や偏見の中に身を置きながら、みずからを難病患者であると声を上げて言うことができないためだ。いわば、社会において透明人間のような存在となっているからである。社会の中で十分周知されていないため、身近な問題としての認識がもたれていない。そのため、患児・患児家族は社会から孤立している場合が多い。

　難病および希少疾患と小児慢性特定疾病（以下、本章では「希少難病」と総称する）は、たくさんの種類があり、症状もまちまちであることから、知られていないことが多い。また、外見からはわかりにくい疾患もあり、本人が障害手帳を所持していないことも多いため、一般的に周囲から配慮を受けにくいという実態がある。

　本章では真に豊かな社会形成のために、「希少難病」の現状と課題を整理し、特に希少難病における母子支援に重点を置き、彼らに光をあてたいと思う。

## 難病、希少疾患、小児特定慢性疾病[2]

　それぞれの疾患の定義をまとめたものが、以下になる。

---

1）NPO法人両育わーるど　2019年データ
2）厚生労働省のWebサイト情報などをもとに作成（厚生労働省、希少疾病用医薬品、希少疾病用医療機器・希少疾病用再生医療等製品の制定制度の概要/高精度労働省、指定難病）

| 難病の定義 | 希少疾患の定義 | 指定難病の定義 | 小児慢性特定疾病の定義 |
|---|---|---|---|
| ・発病の機構（原因）が明らかでない<br>・治療法が確立していない<br>・希少な疾患である<br>・長期にわたり療養を必要とする | ・対象患者数が5万人未満の疾患（人口比換算0.004％未満） | ・患者数が本邦において一定の人数（人口の0.1％程度）に達しないこと<br>・客観的な診断基準（又はそれに準ずるもの）が確立していること | ・慢性に経過する疾病であること<br>・生命を長期に脅かす疾病であること<br>・症状や治療が長期にわたって生活の質を低下させる疾病であること<br>・長期にわたって高額な医療費の負担が続く疾病であること<br>*以上のすべての要件を満たし、厚生労働大臣が定めるもの |

　ただし、毎年新たな希少難病が発見されることから、患者の全体数を正確に把握することはむずかしい。

## 難病を取り巻く状況

　令和6年の難病法（難病の患者に対する医療等に関する法律）により、福祉、就労等の各種支援を円滑に利用できるようにするため、都道府県等が患者の申請にもとづき指定難病に罹患していること等を確認し、「登録者証」を発行する事業が創設された。これにより、従来よりも受けられる福祉サービスが拡大した。

　これまで難病患者は、在宅介護などの福祉サービスや就職支援を受けようとすると、市町村やハローワークなどで手続きするたびに、難病を証明するための診断書を提出しなければならなかった。しかし、「登録者証」があれば、診断書を入手するために医療機関に行く必要がなくなり、手間や費用の負担を大幅に軽減できるようになった。登録者証の所持者は100万人を超えるとされている。これは彼らに差し込んだ光のひとつであろう。この流れが続くことを期待したい。

第10章　希少難病児と母子支援

【登録者証の対象者】
・医療費助成の受給者
・医療費助成を申請した者のうち診断基準は満たすが、重症度分類等を満たさず非認定となった者
・医療費助成の申請に至らない軽症の指定難病患者

　繰り返しになるが、難病を取り巻く状況はまだ十分に社会に周知されていないため、身近な問題としての認識をもたれていない。疾患ごとに症状が違い、個人差も大きく、病気の説明は難しくなりがちで、他者の理解を得ることも大変困難である。

　患児・患児家族は学校や職場で差別や偏見にあい、周囲の目を気にしながら、時には自身の疾病を隠しながら生活している。子どもたちも安心して遊べる場が少ないなど、社会では孤立しがちである。

　令和4年6月に改正児童福祉法、令和6年4月に改正難病法などが施行され、受けられる福祉サービスが従来に比べて拡大したが、そもそも法律の中身が知られていないことが多く、実態が追い付いていないのが現状である。

　医療の世界において、患者が経験する発病から診断、治療とその後の経過をたどる長い道のりのことを、「ペイシェント・ジャーニー」と呼ぶ。専門家に巡り合うまでの数年にもわたる長い道のりは「難民化」と称されることもあり、Diagnostic Odyssey＝診断をつけるための非常に困難な終わりなき旅路、とも呼ばれる。

　希少難病患者がペイシェント・ジャーニーにおいて経験するさまざまな困難は、およそ以下のようなものになる。[3]

・希少難病の知識や情報がなく受診が遅れる
・健康診断などで疾患が検出されにくい
・専門医にたどり着くまでに時間がかかる
・正確な診断を得るまでに時間がかかる
・治療の選択肢が不足している
・専門治療に対応した医療機関が少ない
・疾患について周囲の理解が得られない

---

3）武田薬品工業株式会社　日本における希少疾患の課題　（2020年1月希少疾患患者を支えるエコシステムの共創にむけて）より抜粋・参考

・医療費や通院などの負担が大きい
・就労が困難（本人・母親）

　そして患児家族は、「日本語の情報が少ない」「主治医に病気が知られていない」等の事情を抱えている。以下に、難病患児を抱える家族からの声を紹介する。

　溢れるような情報の中ネット検索をして、迷い、落ち込み、孤独で不安な日々を過ごしている。このままでいいのか、手遅れになったりしないだろうか、もっと大きな病院に行ったほうがいいのだろうかと、焦りを感じつつ、情報はなく、また家族には生活があり、仕事やほかに兄弟がいる場合もある。患児家族だけの力で専門施設を探していくのは非常に難しい…。

　例えるならば、たった一人で真っ暗闇の中、スマホ、地図、コンパスもなく、星などの何の指針もない中、迷ってしまい、途方に暮れているような状態。

（ある患者会の声より）

　また、患児家族には5つの「ない」が常態化しており、社会から孤立しがちだ。

【5つの「ない」】
治療法がない
薬がない
診断がつかない
情報がない
理解されない

【5つの「ある」】
治療法がみつかる
薬がある
診断がつく
情報がある
理解を得られる

　子どもが成長するにつれ、器具の種類によっては患児の体形に合わせ補助器具等も買い替えなくてはならず、経済的に困窮している家庭が存在する。このような過酷な状況で日々生活している人々が多くいる現状を放置しておいていいはずがない。
　わが国は小児の公的医療費補助制度は非常に充実しており、これは

特筆すべきことだ。その一方で、目に見えにくい支出は公的支援を受けにくい性質がある。例えば、遠方に通院する交通宿泊費、成分調整された食材の購入（食事制限中の特殊な食品）、医療用の消耗品の購入、付添い家族の費用や勤め先における休暇取得、などに苦労している。また、希少難病の患児は保険に加入しにくい面がある。国や自治体などによる医療費の助成は手厚いものの、患児を抱える家庭は一般的に経済的負担が大きい。

# 母子支援

## 女性への負担

　女性の活躍をうたう政府は、「2025年までに25〜44歳の女性の就業率を82％へ引き上げる」という目標を立てている。実際、育児休業を取得しやすい雇用環境の整備が企業に義務付けられ、夫婦間の育児・家事分担の両立がしやすくなり、2021年には子育て世代の女性就業率が77.4％にも昇った[4]。さらに、令和4年10月から育児休業の分割取得が可能となり、男女それぞれの育休復帰などを考えながら育児休業を取得できるようになった。

　しかし、こうした動きがある一方で、子どもに何らかの疾患がある一部の家庭では、「父親は仕事、母親は子育て」という、ステレオタイプの分業体制にならざるを得ない状況に追い込まれているという現状がある。24時間ケアが必要な医療的ケア児がいる家庭では、「レスパイトケア」（在宅で介護をしている家族が休息を取れるようサポートを行なうサービス）や訪問支援を利用する以外、父親か母親のどちらかがつきっきりで子どもに寄り添う必要があり、その主な役割を母親が担うことが多い。健常児の場合でも母親は産後うつなどのリスクがあるが、ケアの重責が加わることで、医療的ケア児を抱える母親は精神的にも追い詰められやすい。また、ひとり親家庭の場合、その困窮度は増し、さらに深刻な問題となっている。

---

4）＜男女共同参画白書 令和3年版＞第1節　就業をめぐる状況より

## 患児家族の支援

　患児家族の家庭支援として、まず、仕事の提供が挙げられる。患児保護者の課題として、就労に制限がかかる場合があるからだ。

　妊娠や出産に伴う母親の離職後、ケアのために復職や再就職をあきらめ、社会的つながりが断絶する、また低単価の在宅クラウドソーシング等しか就労機会が得られず、経済的に困窮してしまうケースがある。悩みとしては、保育園・幼稚園の受け入れ先がない、定期的な通院や体調の変化で休暇を取得することが多く仕事の継続が困難、感染症で重症化するリスクがあるため入園を遅らせるため親の社会復帰が遅れる、などが挙げられる。

　そうした家庭への支援として、筆者が所属する健やか親子支援協会では、患者会の有志の方々に、精査診療機関検索サイト事業の調査のお手伝いをしてもらったこともある。これは自宅に居ながらPCやスマホで、難病の検査や専門家・研究グループなど、ネット上にある数少ない情報をリサーチしてもらうという事業だ。ネットリサーチによって得

エンジェルスマイル基金による難病児ファミリー応援給付金事業　報告書

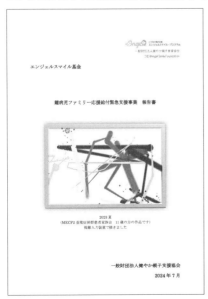

た知識や経験を生かせるという点で、もっともふさわしい支援活動であり、成果を発揮してもらえた。もうひとつ、健やか親子支援協会の独自プロジェクトとして経済的支援がある。これは、一定の金額を、要件を満たした患児家庭へ給付する事業である。この事業は心ある篤志家の個人・企業の寄付により成り立っている。ぜひ、給付を受け取った方の声を読んでみてほしい[5]。

## 患児家族の実態

患児家族に対して行った、アンケート調査の結果を見てほしい（表10-1）。[6]

表10−1　患児家族が抱える問題

| 難病の治療に伴う負担 | 定期通院に伴う医療費負担平均：年間3万4,932円（自己負担0円との回答を除いた場合は平均6万4,160円）<br>定期通院以外での平均額：年間3万1,328円<br>難病の特性から、個室にせざるを得ない事情等による入院費差額：1日あたり7,500～1万4,000円<br>付き添い家族を含む入通院のための交通費：1日あたり0円～4万5,000円<br>＊新幹線、飛行機や高速道路を利用する遠方への定期通院や、病院近くに引っ越したケースあり |
|---|---|
| 食事制限がある疾患の食費負担 | タンパク質やカロリー制限など特別な食事にかかる負担は、1か月平均1万1,700円、回答者の半分以上は毎月1万円以上となっており、年間では平均14万400円の負担となっている。<br>＊主食のご飯麺類をはじめ、毎日・毎食、他の家族分と別に調理する手間、給食や外食への対応なども伴う |
| 保険・共済加入の壁 | 患児（未成年）が加入できる医療補償は1・2種類ほどしかない。加入できなかった86％の方が、「病気が理由で加入できなかった」と回答している。<br>＊保険についてよくわからないため、最初から加入をあきらめているといった意見もあり |
| 入園入学の壁 | 希少難病児を受け入れてくれる保育施設は少なく、やっと見つけて入園できても、いじめを覚悟しなければならず、保護者の就労や収入にも影響する。<br>＊これもひとつの難民化現象といえる |
| 将来への不安 | 18～20歳になると、現行の制度では医療費の負担が増加する。将来、難病をもつ本人が安定した収入を得ることは困難が予想される。また、将来親がいなくなったときに、薬や食事、リハビリ等自分のことを管理できるかが心配 |

---

5）エンジェルスマイル基金による難病児ファミリー応援給付金事業　報告書（健やか親子支援協会 2024年7月）
　　https://angelsmile-prg.com/img/pdf/Angelsmile_FundReport_2024.pdf

「入園・入学の壁」については、希少難病について知る機会が少ない社会構造のために起こる事象である。保育施設側の受け入れ態勢、希少難病に対する正しい理解、知識が必要である。保育施設スタッフが、難病児保育に必要な事項について、理解しやすく興味が持てる研修教材を作ることが急務となっている（難病は、乳幼児期、学童期、小児から大人への移行期、成人期以降と、各段階において配慮すべき事項が異なる）。また、希少難病は診断までに長い時間を要するケースが多いため、病名確定までの時期と確定後の時期にも分かれる。

**参考：2022年小児希少難病の患者団体支援事業 報告書**

## 幼児期のサポート

　患児に対する社会的配慮であるが、まずは、保育施設に通う幼児期に絞って対応策を講じなくてはならない。子どもが家族以外の社会にはじめて参加する時期に、周囲の理解を得ることが一番求められるから

---

6）「難病のお子様とその家族の経済的なニーズに関するアンケート調査実施報告書」（健やか親子支援協会2021年8月『小児希少難病のための保険創設研究会報告書』）より抜粋

であり、現状は個々の親が一人で患児の病状やその他配慮してほしい事柄を説明し、自力で協力を仰ぐしかない状況だからである。保育士・幼稚園教諭・教師、行政と患児家族が共通認識や共通言語を持つことによって、患児へサポートできることは格段に増えるだろう。

　希少難病の子どもたちを保育園・幼稚園等で受け入れてもよいと同意を得るために何をすべきか、課題は多い。どのような研修内容であれば、保育士や幼稚園教諭、施設経営者、保護者の了解を得られるか、まずは検討しなければならない。特に特定の希少難病に限定せず、難病の共通項を抽出し、医学的に問題がないように取りまとめる必要がある。平易な言葉で、ある程度共通する事項を盛り込み、患児が誤解や偏見の中で暮らすことがないよう、多くの理解や協力が得やすいものが望まれる。食事・おやつ・飲み物・運動・遊び・お遊戯・勉強・周りの園児と接する際の見守り等、整理する必要がある。外見でわかる病気とわからない病気、発達障害を伴うケースと伴わないケースに分けて整理するなど、複眼的・立体的にとりまとめる必要がある。

　入園・入学・就職時の課題を解消するために、希少難病の場合にはどのような配慮が必要か認識を広める、社会全体が共通の課題として認識することのできる研修・教材が必要とされている。医療的ケア児（いわゆる体が動く医療的ケア児）についても、難病に関しての知識が求められている。

## 社会に求められること

　社会に求められていることは、第一に患児および患児家族に対するきめ細やかな配慮だ。高齢者の介護だけでなく、難病児の介護、福祉、保健のネットワークは必要不可欠で、新たな社会的仕組みを出現させなくてはならないだろう。まずはその実現のために必要な土台が構築される必要がある。

　喫緊の課題として、以下の4つが挙げられる。

## 医療関連の情報

　できるだけ早期に病気を特定して適切な治療につなぐために、専門性の高い医師のいる医療機関および特殊検査や遺伝学的検査などの検査項目と検査依頼先施設のリストを整理し適宜更新し、主にかかりつけ医（ホームドクター）に向けて情報提供することが第一である。あわせて、その情報の存在を周知させることが肝要である。筆者の所属する健やか親子支援協会は、上記の趣旨に合った小児希少難病の精査診療機関検索サイトを運営している。広く告知をしていきたい（図10-1）。

**図10－1　「健やか親子支援協会」：指定難病・小児難病における診療医療機関・精査機関**

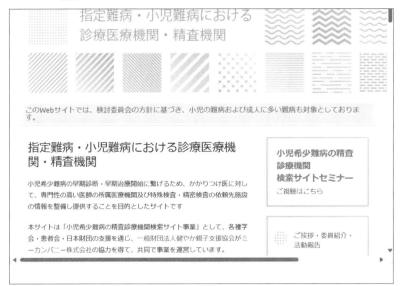

## 治験情報

　現在、日本国内で行われている治験に関する情報は「jCRT臨床研究等提出・公開システム」（図10-2）に集約されている。しかし、すべての治験情報が掲載されているがゆえに、数少ない希少難病に関する治験情報にたどり着きにくいという声や、初期に掲載されて以降、なかなか

情報が更新されないという声が上がっており、改善が望まれてきた。

図10－2　jCRT臨床研究等提出・公開システム

図10－3　「健やか親子支援協会」：難病・希少新刊の治験情報

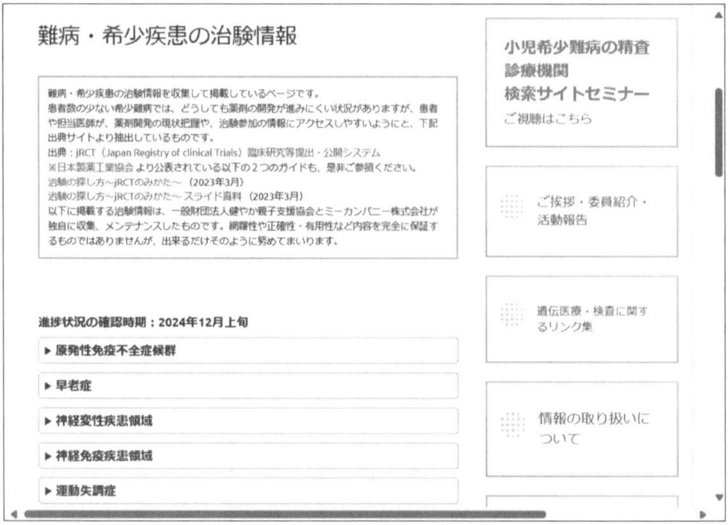

そこで、健やか親子支援協会では、これまで患者家族支援・患者会支援に取り組み、小児希少難病の精査診療機関検索サイトの運用によって医療関係者ともつながりのある経験を活かし、希少難病に限定して、「精査診療機関検索サイト」に治験情報を集約・掲載することとした。追加した治験情報は日本語で検索できるようにし、患者が日頃から使う疾患名を掲載するようにしている。また、定期的に情報を更新し、最新の治験情報を掲載している（図10-3）。

　専門性の高い医療機関・検査機関と連動して提供することで、希少難病の治験の情報を患児・患児家族やかかりつけ医（ホームドクター）にタイムリーに届け、患児・患児家族・医療関係者・製薬企業の関係づくりに貢献することにつながる。

## 情報の拡充

　希少難病の場合、診断がついても、いま現在は治療法がないことも多くある。しかしながら、診断がつくことによってはじめてつながる国内外の患者会などのコミュニティ・社会的な支援・サポート・療育・リハビリ・研究・新たな診療科などもあり、患者にとってベネフィットが非常に大きいことも事実である。「Shared Decision Making」と言われるが、「知らないこと」に対しては、患者は選択も決断もできず、前に進むことはできない。患児家族は、専門施設や検査など、診断につながる可能性があるのであれば、その「存在自体」を希求している。

　かかりつけ医（ホームドクター）も希少難病患者を担当する機会は一生涯に1・2度あるかないかといわれているが、実際に担当する場合、その患者の病気について調べる必要があるわけだが、手掛かりとなる情報は往々にして少ないのが現状である。

　希少難病は多臓器不全を呈する場合が多く、かつ、それぞれの症状があらわれる時期が定まっていないため、専門医であっても診断を下すことは容易ではない。複数診療科の専門医が連携して診断することがカギとなることを理解する医師も、そう多くはいないという現状がある。そのうえ、希少難病の患者は全国各地に広くおり、常に専門医が近

第10章　希少難病児と母子支援　　**141**

隣にいるとは限らない。ネット検索で希少難病の専門家や特殊検査実施施設を探すのは困難であり、むしろ担当医にとってこそ、精査診療機関検索サイトは有用なものであろう。

今日のような情報社会にありながらなお、手がかりの少ない項目であるので、健やか親子支援協会のサイトでも、引き続き地道に掲載疾患を増やしていきたい。

## 患者会へのサポート

同じ疾患をもつ者同士で情報交換等を行う場として、患者会がある。だが、希少難病の場合、そもそも患者数が少ないため、患者会はいずれも規模が小さく、発信力や行動力も小さくなりがちである。疾患に対する誤解や偏見も根強いことから、患者自身が意見を発信する機会もほとんどなく、世間の関心の低さや、治療法がないことへのあきらめから、みずから発信するのをやめてしまうという状況も見られる。

個々の患者会では、専属スタッフの確保や後継者不足など、継続した運営を行っていく上での課題を抱えているケースがある。患者会が啓発活動に注ぐ資源も不足し、世間の関心も低く、活動や維持に苦しんでいることがある。

健やか親子支援協会では、このような患者会をサポートするために、助成金を給付する事業を行っている[7]。患者会の発足や継続のコンサルタントなども行い、患者会の体力をつけて、患者会同士の横のつながりを構築し、自治体ともつながれば、地域包括ケアを活性化させるきっかけになる。また、在宅医療等も可能にし、今までフォローできなかった患者や孤立していた患者を患者会という輪につなげる手立てにもなるだろうと考える。

希少難病をとりまく課題をひとつでも多く解決し、患児や患児家族が希望をもてる社会を目指したい。

---

7）健やか親子支援協会2022年小児希少難病の患者団体支援事業報告書
　https://angelsmile-prg.com/img/pdf/20220927_report2022.pdf

第 **11** 章

# 精神疾患を抱える
# 人々と家族の支援

本章では、精神保健福祉領域における歴史
的背景、および近年の政策等について解説
します。入院医療中心から地域生活中心と
いう政策、ならびに地域での実情を見てみ
ましょう。

# 精神障害者をめぐる歴史

## 精神障害者に関する法体系の軌跡

　1900(明治33) 年に精神病者監護法が制定された。精神保健福祉領域において、日本で初めての法律である。社会治安を主な目的とし、監護義務者である家族が患者を「監置する」という私宅監置を行うという内容の法律であった。私宅監置するという保護の目的を謳っているが、実際には保護の目的は低く、精神障害者にとって極めて悲惨な環境であったといわれている。

　戦後1948(昭和23) 年に保健所法が制定され、保健所が公衆衛生活動の拠点となった。1950(昭和25) 年には精神衛生法が制定、この法律により、長きにわたり続いていた私宅監置制度、そして精神科病院等施設外収容が禁止・廃止された。これによって新たに措置入院制度や医療保護入院制度が設けられた。

## 精神障害者社会復帰施設

　1964(昭和39) 年ライシャワー駐日米国大使刺傷事件により、日本の精神障害者に対する精神医療の在り方が大きな社会問題となった。それを受け翌年、精神衛生法一部改正に至る。これにより、保健所を地域における精神保健行政の第一線機関として位置づけ「精神衛生センター」の設置を図った。

　そして、1984年 (昭和59) 宇都宮病院事件の発生により、入院患者医療の悲惨な実態が明らかとなった。日本の精神医療の在り方や社会復帰施設が不十分であることを国際的にも批判を受け、1987(昭和62) 年、精神保健法制定。精神障害者等の医療および保護を行い、その社会復帰を促進し並びにその発生の予防その他国民の精神的健康の保持および増進に努めることとなった。これによって精神障害者等の福祉の増進および国民の精神保健の向上を図ることを目的とされた。

　これら2つの事件を転機に精神障害者の「社会復帰」がとりあげられ、社会復帰施設に関する規定や、人権保護の観点から任意入院制度が

定められた。

## 精神障害者地域生活援助事業

1993（平成5）年には精神保健法が一部改正され、精神障害者地域生活援助事業（グループホーム）が法定化され、精神障害者社会復帰促進センターが創設、社会復帰施設から地域社会へという概念が生まれた。

同年、障害者基本法が制定され、障害の範囲に、精神障害が明確に位置づけられた。精神障害を含めた障害者対策が、保健・医療・福祉・教育・就労・年金・手当・住宅・公共施設・交通機関の利用等に関して総合的に推進されることとなったのである。

その後、1995（平成7）年に精神保健福祉法制定。障害者基本法の成立を受けて、精神保健法が大幅に改正された。これにより精神障害者が法的にも明確に「障害者」として認知されることになり、法律の中に精神障害者福祉がうたわれることとなった。

精神障害者福祉施策を法体上に位置づけ、その目的に「自立と社会経済活動への参加」が加えられ、社会復帰施設4類型（精神障害者生活訓練施設、精神障害者授産施設、精神障害者福祉ホーム、精神障害者福祉工場）が定められた。

## 入院医療中心から地域生活中心へ

2004（平成16）年厚生労働省は『精神保健医療福祉の改革ビジョン』[1]で「国民各層の意識の変革や、立ち後れた精神保健医療福祉体系の再編と基盤強化を今後10年間で進める」と述べ、今後10年間「入院医療中心から地域生活中心へ」という基本的な方策が示された。

これによって受入条件が整えば退院可能な者（約7万人）を10年後には解決を図るとされた。そして、同年「改革のグランドデザイン案」[2]

---

1）厚生労働省精神保健福祉対策本部,2004,『精神保健医療福祉の改革ビジョン（概要）』.
（https://www.mhlw.go.jp/topics/2004/09/dl/tp0902-1a.pdf2023.6.23）
2）厚生労働省障害保健福祉部,2004,「今後の障害保健福祉施策について（改革のグランドデザイン案）」.
（https://www.dinf.ne.jp/m/0/379.pdf2023.6.23）

が立てられ、改革の基本的視点として、以下のような3つの柱が示された。

　第一に「障害保健福祉の総合化」として「身体・知的・精神等と障害種別ごとに対応してきた障害者施策について、『市町村を中心に、年齢、障害種別、疾病を超えた一元的な体制を整備』する中で、創意と工夫により制度全体が効果的・効率的に運営される体系へと見直し、『地域福祉を実現』することが必要である」[2]。

　第二に「自立支援型システムへの転換」として、「障害者施策について、政策のレベルにおいて、保護等を中心とした仕組みから、『障害者のニーズと適性に応じた自立支援』を通じて地域での生活を促進する仕組みへと転換し、障害者による『自己実現・社会貢献』を図ることが重要である。また、これにより、地域の活性化など、地域再生の面でも役割を果たすこととなる」[2]。

　第三に、「制度の持続可能性の確保」として、「現行の支援費制度や精神保健福祉制度は、既存の公的な保険制度と比較して制度を維持管理する仕組みが極めて脆弱であり、必要なサービスを確保し障害者の地域生活を支えるシステムとして定着させるため、国民全体の信頼を得られるよう『給付の重点化・公平化』や『制度の効率化・透明化』等を図る抜本的な見直しが不可欠である」[2]。

　このような経緯を踏まえて、2006（平成18）年障害者自立支援法が制定。障害の有無に関わらず国民が相互に人格と個性を尊重し安心して暮らすことのできる地域社会の実現を目的とした。

　地域での自立生活を基本に、特性に応じ、障害者の生涯の全段階を通じた切れ目のない総合的な利用者本位の支援を行うとされている。そして、これまでの施設を中心とした福祉体系が大きく見直されることとなり、障害者の地域生活への移行や就労支援といった事業である就労移行支援、就労継続支援、共同生活援助等が創設されることとなり、障害者の就労支援の強化や地域社会資源活用の規制緩和がうたわれた。

　そして、2012（平成24）年、「障害者総合支援法」が制定された。これは障害者の日常生活および社会生活を総合的に支援するための法律であり、障害福祉サービスによる支援に加えて、地域生活支援事業その他

の必要な支援を総合的に行うこととなった。

# 近年の政策と動向

## 精神障害者における地域包括ケアシステム

　厚生労働省は2017（平成29）年より「精神障害にも対応した地域包括ケアシステム」の構築に向け取り組みを始め報告書をまとめた[3]。

　これは精神障害者が地域の一員として、安心して自分らしい暮らしをすることができるよう、医療、障害福祉・介護、住まい、社会参加（就労）、地域の助け合い、教育が包括的に確保されたシステムのことである。

　精神疾患を有する総患者数の推移は図の通りである（図11-1）。精神障害を抱える患者の中には精神障害者保健福祉手帳の取得に至っていない者、医療に繋がっていない者も多くおり、総患者数の実数はさらに増すであろう。

　長期入院患者の地域移行に向け、地域生活中心という理念を基軸としながら、精神障害者の一層の地域移行を進めるための地域づくりを推進する観点から「精神障害にも対応した地域包括ケアシステム」の構築を目指すことを新たな理念として明確にしたのである。

　この仕組みが、「入院医療中心から地域生活中心へ」の理念を支えるものになり、また、多様な精神疾患等に対応するための土台づくりとしての基盤整備にもつながり、地域を主軸とした精神保健福祉の今後の展開が期待されている。

---

3）厚生労働省社会・援護局,2009,『精神保健医療福祉の更なる改革に向けて（今後の精神保健医療福祉のあり方等に関する検討会報告書）』.
　（https://www.mhlw.go.jp/shingi/2009/09/dl/s0924-2a.pdf2022.12.20）

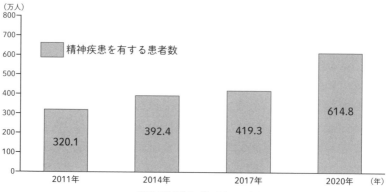

図11－1　精神疾患を有する総患者数　推移

資料）厚生労働省　第4回新たな地域医療構想等に関する検討会を基に作成

## 障害福祉サービスの体系

　障害者総合支援法のもと展開される障害福祉サービスは図11－2の通りである。

　介護給付により展開されるサービスと訓練等給付により展開されるサービスの2種類に分かれる。訓練等給付によるサービスの中で、就労系のサービスは就労移行支援事業と就労継続支援事業であり、就労継続支援にはA型とB型とが存在する。

　就労移行支援事業は、一般企業等への就労を希望する人を対象とし、就労に必要なスキルアップを図る。利用期限あり。就労継続支援A型は利用者と事業者とが**雇用契約**を結び就労の機会を提供するほか、能力等の向上を図る。最低賃金が保障されている。就労継続支援B型は利用者と事業者とが**利用契約**を結び、就労する機会を提供、能力等の向上を図る。A型、B型ともに利用期限に定めはない。

図11−2　障害福祉サービスの体系

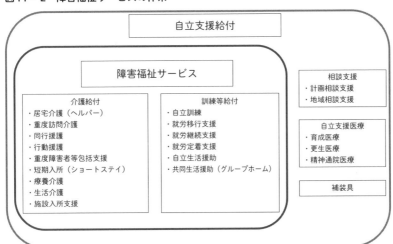

資料）厚生労働省「障害福祉サービス等の体系（介護給付・訓練等給付）を参考に作成

# 精神障がい領域における地域社会の現状

　精神障害者は自身の症状を把握し、服薬や通院を自己管理しながら症状のコントロールを図っていくわけであるが、これは容易なことではない。人間関係や環境の変化、気候など、少しの変化が症状の変動に繋がることは少なくない。

　症状のコントロールを図るためにも家庭内だけの閉ざされた生活だけではなく、社会参加することが重要なのである。

　地域における社会資源については前述の通りである。その中でも就労継続支援B型の事業所数、利用者数は圧倒的に多いことから、ここでは就労継続支援B型（以下B型事業所）の現状を押さえていく（図11−3）。

図11－3　就労継続支援Ｂ型事業所　利用者数の推移

資料）厚生労働省　第113回社会保障審議会障害者部会資料１より作成

## 就労継続支援Ｂ型事業所

　Ｂ型事業所に通所する利用者は、働く場を目的とし週に５日通所する者もいれば、週１日の通所が限界だと感じる者もいる。作業を行う者もいれば、作業は行わずに通所のみで帰宅する者もおり、さまざまである。

　体調管理をし、安定を図ろうと努力しながらも体調が悪化して入院してしまうケースや、入退院を繰り返しながら体調の安定を図る者、長きに渡り地域にて安定した生活を送っていたが急に体調が悪化し、入院する者もいる。

　精神障害者の中には新たな場を苦手とする者も多い。小さな刺激が体調不良の一因となることは非常に多く、新たな場に参加することに対する緊張や不安がその一因になることはめずらしくない。精神障害者にとってコミュニティに属することは大変重要なことである。しかしながら精神障害者にとって新たなコミュニティに参加することがいかにハードルの高いものかを知っておく必要がある。

　体調の安定を図るためには、その時々の体調の変化に気づき、コントロールしながら生活することが必要であり、通所日数、通所予定に限らず、体調に合わせて作業を選択することや、作業時間の調整も可能である。調整をしながらでも作業を継続することや、家から出て通所先に行

くことで本人の自信につながっていく。また、この経験を繰り返すことで、自分の病状やリズムを理解できるようになる。

B型事業所には大きく3つの場の要素が備わっている。

### ① 居場所としての場

体調が悪い際には話を聞いてくれる相談員がいる。専門的な知識を有する精神保健福祉士らが、病状についての相談はもちろん、生活リズムについて、私生活について、身体的な体調面について等々、本人に関わるすべてのことについて話を聞いてくれる。精神保健医療福祉領域において主治医や医療側のサポートの他に当事者をサポートする専門職の存在は、小さな刺激により体調を崩しやすい精神障害者にとって、精神面の安定のためにも大変重要である。

相談をしながら過ごすことで自身の体調の変化にも気づくことができ、病識を得ながら体調のコントロールを図っていくわけである。

病状不安定により外に出られないという生活や、ひきこもりの生活を送っていた者にとっては、まずは一歩外に出ることがステップである場合も多い。一歩踏み出した先には、そこからさらに継続して外に出るという継続性が求められていく。人によっては外に出ること、新しいコミュニティに所属することに不安を抱えやすい。そのためには、行く先が自身にとって落ち着く場所であること、安心できる場であることは必須事項である。

安心できる場であることの条件のひとつに病気の顔を出せる場であることだ。体調をいかにコントロールして過ごすか、ということが重要であるが、体調が悪い状態でも通所できる場所があるということがもっとも重要であるといえるだろう。感じている不安を解消しながら、継続して通所できるように病状のサポートもしてくれる支援員がいる場は安心感を得やすい。体調が悪くとも、「少しでも外に出てみよう」「話をしに行こう」と思える場があることは、将来の精神的健康面への大きなサポートとなると考えられる。

繰り返すが、精神障害者にとって、外に出ることに加えコミュニティの中で過ごすことが重要である。B型事業所等に所属することにより、所属感が得られる。「自分の居場所」と思える場所があることで、自身

を認め自己肯定感を上げることにつながる。精神障害者は自己肯定感が低い者が多く、新たな場になかなか馴染むことができずにコミュニティに所属することから離れてしまうケースも多々ある。病気に理解がある支援員がいることや、同じ境遇の持ち主がいること、同じ病気の者がいることなど共通点が多く見いだせることも重要なポイントである。

　Ｂ型事業所においては、同じ境遇、同じ病気の仲間がいるというメリット以外に、就労を目指す者や自立を目指し独居に向けて取り組む者など、さまざまな仲間がいることで、仲間に共通点を見出し安心するメリットの他に、少し先の自分の将来を想像しやすく前向きな姿勢を持つことができる点がある。これは、事業所に所属し、過ごす中で、その環境が自然な形でピアサポートの役割を果たしているのである。

### ②　社会復帰を目指し訓練する場

　Ｂ型事業所内での作業内容は多様である。憩いの場の要素が強い事業所もあれば、働く場としての要素が高い場もあり、これについても多様である。そのため、興味のある作業や事業所の雰囲気など自身に合った作業所を選択することができる。作業等が合わないと感じた場合にはすぐに退所することもできるため、一人ひとりの希望に合った自由な選択ができる。実際の作業についても、本人が希望する将来について支援員と一緒に目標設定を行い、個別支援計画にもとづいて支援が行われる。支援内容についても本人の希望をもとに決定していく。

　憩いの場を求めて入所し、環境に慣れたころから作業を開始することも可能である。作業内容によってはその人それぞれに疲れやすさを感じることもあるため、それに応じて作業内容を変更することや、突発的な体調不良に合わせて作業変更を行うことも可能である。また、作業の途中で不調を感じた場合にはその時点で作業を止めて、休憩をとる、もしくは早退する、不安解消を図ることで落ち着くようであれば支援員が相談にのる等々、柔軟に対応してくれる。

　人それぞれに目標とする社会復帰の内容は違うため、同じ環境、同じ作業内容ではあるが、それぞれの希望に沿った支援や配慮が日々行われているのだ。コミュニケーションを苦手とする場合にはコミュニ

ケーション能力を高める練習を繰り返すことはもちろん、通常の作業を通して、必要とされるコミュニケーション能力を高めていくことができるよう支援が行われる。

　病気の特性に合わせて配慮を行い支援がなされることはごく当たり前であり、B型事業所に限るものではないが、さまざまな目的を持った者が通所する場であるため、配慮は多岐にわたるといえる。

③　働く場として

　働く場を求め通所している者には大きく目的が2つに分かれる。ひとつ目はB型事業所自体を就労の場として捉え通う者。もう一方は将来就労を目指しておりその前段階としてサポートを受けたいと考えている者である。A型事業所の場合、給与（最低賃金）が支払われるが、B型事業所においては工賃が支払われる。最低賃金と比べ工賃はまだまだ低いが、昨今国はB型事業所における工賃アップを図るよう取り組みをはじめている最中であり、今後工賃アップは高い確率で見込めるだろう。それに伴い、働く場としての要素、効果、さらには、期待も今後さらに高まるといえる。

　精神障害者にとって安心感を得られる場があることについての重要性については先に述べた通り、必要不可欠である。一方で、新たな場に参加する、所属することについての不安を感じやすい点についても先に述べた通りである。この2つの点から、B型事業所を出て就労したいという気持ちよりも、今の自分の強みを活かし事業所において働くことを選択する者も少なくない。

　もう一方の就労を目指している者に対しては就労支援がなされる。どの利用者に対しても必ず他機関、他職種と連携して支援を行うことは大前提である。就労支援においても他機関と連携し支援を進めていくわけであるが、事業所内においては作業内容を増やすことや、病状とバランスを取りながら通所日数を増やし事業所を出た後の働き方を考えた作業内容に変更、コミュニケーションにおいても就労を意識したものへと変更し希望を実現できるよう支援されている。

　ここまで「居場所」「社会復帰を目指し訓練をする場」「働く場」、3

つの要素について述べてきたが、このうちひとつだけを選択、継続していく必要性はなく、その時々の体調や状態、希望に合わせて自由に選択し過ごすことができる。急な変更はもちろんのこと、必要な休息を入れ、人によっては1週間の休息、はたまた3か月の休息、入院を必要とし、退院後は入院前の通所とはかけ離れた少ない日数での通所を行うなどの対応も可能である。一人ひとりの体調、障害特性に合わせて配慮がなされる。作業所はさまざまな機能を有し、さまざまなサービスを提供している。

　B型事業所には精神保健福祉士や社会福祉士が専門職として従事している。利用の仕方に大きな制限はない。年齢制限も利用可能年数、利用の仕方も制限はなく本人が自由に選択して過ごすことができ、自身の体調や希望に合わせて自由に選択ができる。そのため、さまざまな顔を出せる場であり、さまざまな顔で過ごすことが可能だ。

　地域共生社会の実現への大きな一手となることだろう。

## 家族支援と今後の課題

　B型事業所を主軸とし、サービスの展開について説明してきたが、B型事業所は通所型の施設であるため、通所してはじめてサービスが提供されるわけである。そもそも外に出ることが難しく、必要なサービスに出会うこともできずに孤立してしまっている当事者も少なくない。サービスの提供は原則として本人と契約を結び、本人の意思を尊重した個別支援計画が作成され、その計画に沿って支援が展開されていく。本人主体のサービスである。本人主体であるが、そこには本人を支える家族らの存在があることを忘れてはいけない。孤立している場合でも、それを個人としてのみ捉えるのではなく、世帯として捉える必要があるだろう。

　地域共生社会の実現に向け、可能なサービスの展開、発展は今後も継続して検討していく必要があるだろう。

**参考文献**

1）糸島弘和, 井上幸子, 2017,「地域在住の精神障害者が感じる居場所感が 社会参加への関心に及ぼす影響」『日本精神保健看護学会誌』26(2):11-20.

2）大谷寛, 2017「新版精神保健福祉法講義」『成文堂』.

3）鴨野直利, 2020,「精神障害者の『労働生活の質（Quality of Working life)』向上に関する質的内容分析－就労継続支援Ｂ型事業所における職員へのインタビュー調査に基づいて－」『人間福祉学会誌』19(2).

4）早野禎二, 2018,「精神障害と社会－歴史社会学的視点から」『東海学園大学紀要』23:30.

# おわりに

　われわれは、社会福祉士、保健師、看護師養成・教育、大学に従事して20年近くになる。超少子化において、これらの専門職に就こうとしている学生らに深く感謝したい。しかし、教職に就いた時代とは、今の学生の意識も変わってきている印象を受ける。その意味では、きめ細やかな養成・教育力が、教員側にも求められている。

　いずれにしても、保健医療・福祉・介護に携わる多職種、多分野の先生方にご尽力を頂けたことに感謝したい。本書が、他の職種、他の分野にいる人たちのことを知り、つながるきっかけとなることを切に願う。

2025年3月　執筆者を代表して

結城 康博

河村 秋

# 索引

| | | |
|---|---|---|
| **あ** | アウトリーチ・サービス | 102 |
| **い** | 育成医療 | 47 |
| | 医療介護総合確保推進法 | 18 |
| | 医療計画 | 60、66 |
| | 医療的ケア児 | 22 |
| | 医療費控除 | 3 |
| | 医療法 | 60 |
| | 医療保険制度 | 6、11、45 |
| **お** | 応益負担 | 44 |
| | 応能負担 | 44 |
| | オタワ憲章 | 28 |
| | 恩賜財団母子愛育会 | 29 |
| **か** | 介護保険サービス | 83 |
| | 介護保険事業計画 | 63、111、116 |
| | 介護保険制度 | 19、22、31、107、114 |
| | 介護ロボット | 125 |
| | 概算医療費 | 42 |
| | 改正児童福祉法 | 47、98、132 |
| | 改正難病法 | 132 |
| | 回復期リハビリテーション病棟 | 18、88 |
| | かかりつけ医機能 | 48、50 |
| | 学校保健 | 35 |
| | 勧告入院患者医療費 | 47 |
| **き** | 共助 | 9 |
| **け** | 経済財政運営と改革の基本方針 | 48 |
| | 健康寿命 | 7、30 |
| | 健康日本21 | 29 |
| | 限度額認定制度 | 84 |

| | | |
|---|---|---|
| こ | 高額療養費 | 2、84 |
| | 後期高齢者医療制度 | 31 |
| | 合計特殊出生率 | 9、32 |
| | 公助 | 9 |
| | 更生医療 | 47 |
| | 厚生年金 | 45、85 |
| | 公的医療費補助制度 | 133 |
| | 国民医療費 | 42 |
| | 国民年金 | 44、45、85 |
| | 国民皆保険 | 6、26 |
| | 子育て世代包括支援センター | 34、100 |
| | 孤独死 | 31、112 |
| | 子ども・子育て関連3法 | 64 |
| | 子ども・子育て支援金制度 | 52 |
| | こども家庭センター | 34、100、103 |
| | 子ども虐待 | 32、78、98、101 |
| さ | 災害拠点病院 | 59 |
| | 在宅医療 | 11、21、82 |
| | 在宅介護 | 13、22 |
| | 在宅介護サービス | 108 |
| | 在宅療養支援診療所 | 14 |
| | 産業保健 | 38 |
| | 産後うつ | 32、99、103、134 |
| | 産後ケア事業 | 100、103 |
| し | 死後格差 | 53 |
| | 次世代育成支援対策推進法 | 102 |
| | 市町村障害者計画 | 64 |
| | 市町村障害福祉計画 | 64 |
| | 市町村地域福祉計画 | 62 |

| | | |
|---|---|---|
| | 児童福祉法 | 34、47、57、98、132 |
| | シャウプ勧告 | 56 |
| | 社会的ハイリスク妊婦 | 98 |
| | ジャカルタ宣言 | 28 |
| | 就労継続支援B型 | 148、150 |
| | 障害基礎年金 | 85 |
| | 障害厚生年金 | 85 |
| | 障害者医療費公費負担 | 47 |
| | 障害者基本計画 | 64 |
| | 障害者基本法 | 64、145 |
| | 障害者自立支援法 | 146 |
| | 障害者総合支援法 | 64、146、148 |
| | 障害年金 | 83、84 |
| | 傷病手当金 | 83、84 |
| | 身体障害者福祉法 | 47、57、58 |
| | 診療報酬 | 15、50、52 |
| せ | 生活保護法 | 57 |
| | 精神衛生法 | 144 |
| | 精神通院医療費公費負担制度 | 47 |
| | 精神病者監護法 | 144 |
| | 成人保健 | 35 |
| | 精神保健福祉法 | 145 |
| | 精神保健法 | 144 |
| ち | 地域医療構想 | 48、49、61、67 |
| | 地域包括ケアシステム | 19、77、107、114、147 |
| | 地域包括ケア病棟 | 15 |
| | 知的障害者福祉法 | 57 |
| と | 特定機能病院 | 16 |
| | 特定妊婦 | 98 |
| | 都道府県障害者計画 | 64 |
| | 都道府県障害福祉計画 | 64 |
| | 都道府県地域福祉支援計画 | 62 |

| | | |
|---|---|---|
| **な** | 難病医療費助成制度 | 48 |
| **に** | 入院時食事療養費 | 46 |
| | 乳児死亡率 | 28、72 |
| | 認知症 | 21、106 |
| **の** | ノーリフティングケア | 120 |
| **ひ** | ビジネスケアラー | 110、116 |
| **ふ** | 福祉事務所 | 57、58 |
| | プライマリヘルスケア | 27、28 |
| | プレコンセプションケア | 102 |
| **へ** | ヘルスプロモーション | 27、28 |
| **ほ** | 包括的地域ケア・システム | 19 |
| | 訪問看護サービス | 11 |
| | 訪問看護ステーション | 14 |
| | 保健師助産師看護師法 | 70、72、94 |
| | 保健所法 | 144 |
| | 保健婦助産婦看護婦法 | 95 |
| | 母子および寡婦福祉法 | 57 |
| | 母子保健推進員 | 29 |
| **ま** | マイナ保険証 | 2、51 |
| **ら** | ラポール形成 | 90 |
| **れ** | レスパイトケア | 134 |
| **ろ** | 老人福祉計画 | 63 |
| | 老人福祉法 | 57 |

◆編著者紹介

結城 康博

　1969年生まれ。淑徳大学社会福祉学部卒業。法政大学大学院修了（経済学修士、政治学博士）。1994〜2006年、東京都北区、新宿区に勤務。この間、介護職、ケアマネジャー、地域包括支援センター職員として介護関連の仕事に従事（社会福祉士、介護福祉士）。現在、淑徳大学総合福祉学部教授（社会保障論、社会福祉学）。元社会保障審議会介護保険部会委員。著書に、『介護格差』岩波新書、その他多数。序章、第1章、第3章、第4章執筆。

河村 秋

　東京医科歯科大学大学院保健衛生学研究科修士課程、博士課程修了（博士：看護学）。保健師として病院の保健指導室の勤務を経験、市町村の非常勤保健師として乳幼児健診、養育支援訪問などにも長年携わる。幼児の心理社会的問題や乳幼児と親の相互作用に関する尺度開発、高齢者の介護予防効果についてなどを研究テーマとしている。現在、和洋女子大学看護学部准教授。第2章および第5章執筆。

◆執筆者
斉藤 梨絵　大原医療福祉専門学校札幌校非常勤講師：社会福祉士
　　　　　　　　　　　　　　　　　　　　　　　　　第6章執筆
篠原 良子　淑徳大学看護栄養学部教授　　　　　　　第7章執筆
江里 真明　国際医療福祉大学助教授　　　　　　　　第8章執筆
松山 美紀　国際医療福祉大学専任講師　　　　　　　第9章執筆
川口 耕一　健やか親子支援協会専務理事　　　　　　第10章執筆
田坂 美緒　就労継続支援B型支援員　　　　　　　　第11章執筆

**装丁デザイン**
須貝美咲

**本文デザイン＆DTP**
株式会社ダイヤモンド・グラフィック社

**販売促進**
黒岩靖基、恒川芳久、平川麻希、髙浜伊織（風鳴舎）

# 誰でもわかる医療・保健・福祉の本

2025年3月24日　初版 第1刷発行

**編著者**
結城 康博、河村 秋

**執筆者**
斉藤 梨絵、篠原 良子、
江里 真明、松山 美紀、川口 耕一、田坂 美緒

**発行者**
青田 恵

**発行所**
株式会社風鳴舎
〒170-0005 豊島区南大塚2-38-1 MID POINT 6F
（電話03-5963-5266 / FAX03-5963-5267）

**印刷・製本**
株式会社ダイヤモンド・グラフィック社

●本書は著作権法上の保護を受けています。本書の一部または全部について、発行会社である株式会社風鳴舎から文書による許可を得ずに、いかなる方法においても無断で複写、複製することは禁じられています。
●本書へのお問合せについては上記発行所ホームページの「お問合せフォーム」にて承ります。乱丁・落丁はお取り替えいたします。

©2025 Yasuhiro Yuki, Aki Kawamura, Rie Saito, Yoshiko Shinohara,
Masaaki Eri, Miki Matsuyama, Koichi Kawaguchi, Mio Tasaka
ISBN978-4-907537-55-5 C3036
Printed in Japan